日本語の泉

山崎馨

和泉書院

目次

汝の立つところを深く掘りさげよ
其処《そこ》には泉あり（ニーチェ全集第八巻）

はじめに

これから日本語について、皆さんと一緒に考へてみることにしました。どうぞよろしくお付合ひをお願ひします。

わたくしども人間は、水がなければ生きてゆくことができません。空気がなくても生きてゆくことができません。そのやうに大切な水や空気ではあつても、その大切さに気づかないでゐることが多いのです。水を飲むときに、これがなければ生きられないのだと思ひながら飲む人は稀ですし、空気を呼吸するたびに、これがなければ生きられないのだと思ひながら呼吸する人は、さらに稀であると思ふのです。言葉についてはどうでせうか。もし言葉がなかつたら、どのやうなことになるか。言葉は声として現れたり文字として現れたりしますから、もし言葉がなかつたら、テレビやラジオから流れ出る声を聞くこともなく、本を読んだり新聞を読んだりすることもなくなつてしまひます。便利なインターネットも使へなくなります。こんな生活は、現代の人間にとつては考へることができません。わたくしども日本人にとつては、日本語は水や空気と同じやうに、きはめて大切な、非常に重要なものなのです。しかし、その大切さを、しばしば、常に、意識する人は稀です。水も空気も日本語も、あまりにも身近なものであるゆゑに、これも止むを得ないことかもしれません。しかし、たまには立ちどまつて日本語の大切さを意識し、日本語について考へることが必要なのです。日本語について考へてゆくうちに、日本語はすばらしいものだといふことがだんだんにわかつてきて、これは大切にすべきものだという意識も、だんだんに深くなつてくるはずです。

そこで、日本語について考へるといふことになりますと、まづは現代日本語がその対象になります。ところが、現代日本語は現代において突然に発生したものではなく、文字として記録されるやうになつてからも、千数百年といふ長い歴史があります。その長い歴史の間に、日本語は不動の骨組みを保ちながらも複雑に変化し、展開してきたのです。大河にたとへて言へば、現代日本語は古代日本語といふ上流の水が、幾つもの支流の水を集めながら流れくだつてきた下流の姿だつたのです。さらに言へば、その上流の小川も、もとは小さな泉から湧き出てきた水であつたのです。従つて、現代日本語について考へるときも、その上流をふりかへり、その上流の源になつてゐる泉を見ようとすることが大切になつてきます。上流の小川、その小川の水が湧く泉を意識しながら、日本語の種々相について、思ひつくままに、努めてわかりやすく書いてみることにします。

本文および和語のふりがなには歴史的かなづかひを、字音語のふりがなには現代表音式かなづかひを用ゐます。また、漢字は正体のみにこだはらず、略体をも多く用ゐます。お含みおきください。同じ文字はなるべく同じ字体にします。

音《おん》と訓《くん》

現代の日本人は、日本語を書きあらはすときに、どのやうな文字を使つてゐるのか。それは漢字、ひらがな、かたかな、さらにはローマ字です。ここでは、まづ漢字について考へてみませう。

漢字はもともと中国語（シナ語、英語ではChinese）を表記する、書きあらはすための文字として作り出され、すでに紀元前千二百年ごろから支配者層に通用する文字として発達してきました。その高度な漢字文化は、古代の東アジアの全域に及び、日本もまた早くから漢字文化の大波が寄せるところとなりました。それがいつのころからかは明確ではないのですが、大体のところ西暦四百年前後かと考へられてゐます。それからは、漢字は文字がなかつた日本の社会に急速にひろまり、知識人たちは漢字に習熟すると共に、漢字によつて日本語を書きあらはすための多彩な用法を展開させたのです。そのみごとな足跡は、日本語の上流を書きしるす

『古事記』『日本書紀』『万葉集』『風土記』などの文献に、はつきりと見ることができます。

現代日本語における漢字のはたらきとして注目すべきことの一つに、漢字には音と訓とがあること、漢字を音読みの文字として使ふ場合と訓読みの文字として使ふ場合があることです。たとへば、波といふ文字を「は」と読むのが音読み、「なみ」と読むのが訓読みです。人といふ文字を「じん」と読むのが音読み、「ひと」と読むのが訓読みです。この音読みにする「は」とか「じん」とかは、その文字を古代の、日本人が漢字を取入れたころの中国人の読み方、発音をまねた日本式の発音であり、また、訓読みにする「なみ」とか「ひと」とかは、その文字の意味を日本語に翻訳した読み方といふことになります。これを言ひかへるならば、「波」といふ漢字とそれに対応する「なみ」といふ日本語との、意味の上でのつながり、意味的な結合関係が成立してゐることになります。さらに言へば、「なみ」といふ日本語に「波」といふ漢字をあて、その結合関係が強くなつてゆくことでした。

かうした結合関係が何百字にも何千字にも成立しましたので、現代日本語に用ゐられる大多数の漢字に、音読みと訓読みがあることになりました。さうして、そのことが日本語のむづかしさにもなり、また、おもしろさにもなつてゐるのです。なほ、音読みだけがあつて訓読みがない漢字には、たとへば、「菊《きく》」（後述の漢音）、「絵《ゑ》」（後述の呉音、漢音かい、正字は繪）などがあります。また、音読みがなくて訓読みだけがあるといふ漢字らしい文字には、凩《こがらし》、峠《たうげ》、辻《つじ》、鱈《たら》、畑《はた》などがあります。これは国字《こくじ》と呼ばれる日本製の文字です。

ところで、右に示した用例のうち、「人」といふ漢字の音読みを「じん」としたのですが、皆さんすでにお気づきのやうに、この文字には「にん」といふ音読みもあります。どうして二種類の音読みがあるのか。古く日本に渡来した漢字音には、大別して呉音《ごおん》、漢音《かんおん》の二種類がありました。呉音は長江（揚子江）の下流域におこなはれた南方系の漢字音で、対馬音《つしまおん》とも呼ばれ、主として六、七世紀のころに朝鮮半島を経て日本に入り、識字階層の間に定着してゐました。然るに、唐王朝が隋王朝を倒して建国し、長安城（いまの西安）に都を置いて発展してきますと、その北方黄河流域におこなはれてゐた漢字音（漢音）が正統とされるやうになりました。日本はその唐王朝に使を送り（遣唐使、六三〇年以降、七世紀に六回）交渉がふかくなるにつれて、従来の呉音に代へて、あらたに正統性を得た北方系の漢音を学習する必要に迫られたと考へられます。そこで朝廷は唐の学者を招いて、續守言《しよくしゆげん》、薩弘恪《さつこうかく》などを音博士《こゑのはかせ》として優遇し、多数の大学生、僧侶たちに漢音の指導を受けさせたのです。持統天皇五年、西暦六九一年以降のことでした。

かうして日本の識字層には呉音と漢音が重なり合ふ重層性が生じ、同じ文字に呉音と漢音といふ二種類の音読みが生れました。現代日本語でも、人物、人格、文化人などは漢音で「じん」と読み、人情、人気者、管理人などは呉音で「にん」と読みならはしてゐるのです。

この重層性については、まだ考へるべきことが残つてゐます。中国において元《げん》・明《みん》・清《しん》の三王朝が続く間、日本では鎌倉時代から室町時代を経て江戸時代に至る間に、禅僧や貿易商などの人々によつて、漢字音が伝へられました。これを唐音《とうおん》とか宋音《そうおん》とか呼びならはしてゐます。呉音や漢音は時代が古くて中古音と呼ばれますが、唐音はそれよりも新しくて、漢字音の歴史の上では中世音にあたります。それが広い地域から長期間にわたつて伝へられてゐますので、南方の呉音系の漢字音であらうとされますものの、専門的には内容が複雑であるやうです。これが現代日本語の中の身近なところに、いろいろと残つてゐるのです。たとへば

法被《はつぴ》を着た胡乱《うろん》な男が、暖簾《のれん》をかきわけて饅頭屋《まんぢゆうや》に入つて行つた。手には扇子《せんす》を持つてゐた。そのとき、軒先につるした提燈《ちようちん》がかすかに揺れた。

こんな短い文章の中にも、唐音の字音語が、法、胡、乱、暖、頭、子、提、燈など八語も含まれてゐるのです。明といふ漢字の呉音読みは「みよう」、漢音読みは「めい」、唐音読みは「みん」です。経といふ漢字の呉音読みは「きよう」、漢音読みは「けい」、唐音読みは「きん」です。提といふ漢字の呉音読みは「だい」、漢音読みは「てい」、唐音読みは「ちよう」です。か

うして、漢字の音読みには呉音、漢音、唐音といふ三重の構造があることになります。伝来の時代、日本語の中に流れ込んだ時代を異にし、発生の地域を異にして生れた三種類の音読みが、現代日本語の中に混在してゐるのです。現代は漢音読みが主流を占めてゐますが、佛教関係の語には呉音読みの多数の例を見ることができます。

なほ、漢字二字の熟語において、前の字を音読みにし、後の字を訓読みにする読み方を「重箱《じゆうばこ》読み」と言ひ、その例としては悪玉《あくだま》、縁組《えんぐみ》、格下《かくさげ》などがあります。また、前の字を訓読みにし、後の字を音読みにする読み方を「湯桶《ゆとう》読み」と言ひ、その例としては早番《はやばん》、腹藝《はらげい》、鳶職《とびしょく》などがあります。どちらも用例は多く、音と訓とを識別する意識が稀薄になるにつれて、その自由な組合せが増加してきたのであらうと考へられるのです。

わたくしどもの先祖たちが、遠いむかしからたくさんの漢字を取入れ、それを自由自在に使ひこなし、日本語の中に漢字文化の花を鮮やかに咲かせてきました。その花を音読みと訓読み、字音語の三重構造などに、明らかに見ることができます。それが日本語の世界をゆたかにふくらませてきたのです。

この漢字から何が生れてきたのか。熟字訓といふことにすこし触れてから、次にはそのことを考へてみます。

漢字の特殊な訓読みに熟字《じゆくじ》訓《くん》といふものがあります。皆さん御存じですか。ある年の春のこと、全国高等学校野球大会に奈良県の斑鳩高等学校が出場することになりました。その校名が大きな活字で新聞に載りましたとき、斑と鳩との間が二字分あいてゐて、斑のふり仮名を「いか」、鳩のふり仮名を「るが」としてありました。これを見て「鳩《はと》はるがとも言ふのね」とある女子大生が言つたのです。新聞社の不手際が招いた誤りです。これは斑鳩という二字全体をいかるがと読むのですから、空白の二字分を含めた四文字全体に四字のふり仮名をつけるべきであつたのです。「斑《いか》　　鳩《るが》」かうしないと鳩《はと》はるがなのか、その上にどうしていかが乗つてゐるのか、と思ふ人が出てくる有様です。この「斑鳩《いかるが》」（鳥の名）が熟字訓の例で、ほかにも、飛鳥（あすか）、春日（かすが）、紫陽花（あじさい、もとあぢさゐ）、梅雨（つゆ）、旅籠（はたご）、浴衣（ゆかた）、帷子（かたびら）、老舗（しにせ）、草鞋（わらじ、もとわらぐつから変化したわらぢ）などの多数の例があります。

片仮名と平仮名

古代の識字階層では、外国から渡来した漢字を使ひこなして、日本語を書きあらはしてきましたが、そのうちに、それだけでは不便なことも生じてきました。なにぶん自分たちの本来の文字ではなく、外来の文字だつたのですから、それも当然のことでした。そこで、その不便からぬけ出すために、一段と便利な文字を求めようとしました。漢字は本当にすぐれた、便利な文字ではありましたが、場面によつては必ずしも便利ではなかつたのです。そこに登場してきたのが片仮名であり平仮名でありました。

この片仮名、平仮名といふ名称は、あくまでも漢字を正式な文字とし、正統な文字とする意識から出てきた名称です。漢字を公式の文字として真名《まな》と呼び、それに対して非公式な文字を「かりな」と呼びました。仮名《かりな》ですね。この「かりな」が「かんな」となり、さらに「かな」となつたのです。真名《まな》に対する仮名《かな》で、なは文字といふ意味の語で、それに名といふ字をあてました。「かな」を「仮名《かりな》」とし、漢字を「真名《まな》」とする意識は、後世にまで根づよく残り、二十世紀の前半まで、漢字をさして「本字《ほんじ》」（本当の文字、本式の文字といふ意）と呼ぶこともありました。

片仮名はすでに奈良時代、八世紀に芽生えてゐましたが、それが九世紀に入つて発達するやうになりました。古代の寺院は佛教哲学の勉強をする学校といふ性格がつよく、葬式を出すことはありませんでした。そこでは、漢文で書かれた難解なお経の講義が日本語でおこなはれ、その受講生すなはち若いお坊さんたちが、先生の解釈の要点を教科書の狭い行間に早く小さく書き込むためには、なるべく画数が少い簡略な文字を必要としたのでした。かうして、片仮名が成長する舞台は、主として寺院といふ一種の男性社会でした。片仮名は漢字から生れたのです。それは漢字一字の部分であり、たとへば江からエ、加からカ、久からク、己からコ、多から夕、保からホが生れ、まさに早く小さく書くことができる文字となりました。

片仮名が漢字から生れたことと同様に、平仮名もまた漢字から生れました。平安時代に入ると、主として漢文になじまない女性たちが用ゐる文字として、歌や手紙に用ゐられる文字として発達したのです。片仮名が男性社会の実用的な産物であり、漢字一字の部分であつたのに対して、平仮名は女性社会の産物であり、漢字一字全体の草書体でした。しかも、その文字を優雅に書きあらはさうとする美意識に支へられながら洗練されてゆきました。実用性と美意識、ここにも片仮名と平仮名との大きな違ひがあつたのです。

かうして、日本語を表記する、書きあらはすための文字として、漢字、片仮名、平仮名といふ三種類の文字を得て、日本人はあらゆる事柄を文章として表現することができるやうになり、その文章の内容や場面に応じながら、三種類の文字を自由自在に使ひこなすことができるやうになりました。これは世界にも類を見ない、すぐれた文化現象でありました。表記法のこの多彩な発達は、表記といふ面において、日本語に豊かさと奥行きをもたらし、日本文化の進歩向上のための大きな力となりました。『源氏物語』を頂点とする平安女流文学の繁栄にしても、この平仮名の発達を基盤としてゐたのです。

平仮名は、さきに申しましたやうに、女性たちが用ゐる文字として生れ出てきましたので、「女手《をんなで》」とも呼ばれるのですが、それは男性が用ゐなかつたといふ意味ではありません。紀貫之《きのつらゆき》が書いたとされる名筆「古今集《こきんしゆう》高野切《こうやぎれ》」といふ文献は、流麗そのもののやうな筆跡によつて名高く、書道美術史の上にきはめてすぐれた作品となつてゐます。

この項目を閉ぢるにあたり、濁音を示す記号としての濁点、半濁音を示す記号としての半濁点について一言しておきます。

ハ行濁音　ば　び　ぶ　べ　ぼ

ハ行半濁音　ぱ　ぴ　ぷ　ぺ　ぽ

濁点は西暦一〇〇〇年ごろから佛教関係の漢文資料に見えはじめ、鎌倉時代になると仮名で書かれた文献にも見られるやうになりました。ただし、その形も一定せず、濁点をつける位置もさまざまでした。やがて仮名の右肩に二つの点を打つ方式が室町時代に現れ（世阿弥《ぜあみ》自筆の能本）、それが社会一般に通用して安定したのは、江戸時代以降のこととされてゐます。半濁点もまた江戸時代初期に見えはじめ、次第にひろく用ゐられるやうになりました。結論だけを簡單に書けばこんなことになりますが、専門家にはいろいろと詳しい研究や解説があります。

大江山の鬼退治で知られる源頼光《みなもとのらいこう》の四天王の一人、坂田金時《さかたのきんとき》に一子あり、山姥《やまうば》を母とするその子は金太郎と名づけられ、父に似て幼時から剛勇そのものでした。相模足柄山《さがみあしがらやま》の山中で、鉞《まさかり》を肩にして熊をも乗りこなした話は現代の童謡にもなり、五月の節句には金太郎人形として後世にも伝へられてきました。長じて金平《きんぴら》と名のり、江戸時代初期、十七世紀後半に流行した金平浄瑠璃《きんぴらじようるり》の主人公として、日本演劇史の上にその名をとどめてゐます。また、その名が金平牛蒡《きんぴらごぼう》（略して金平）といふ料理の名となつたのも、唐辛子《とうがらし》を使つたその料理の堅さ辛さが、悪人どもをこらしめる坂田金平の強剛ぶりになぞらえられたからです。金平、そこに半濁音、半濁点が見えてゐます。

五十音図

皆さんは五十音図といふものを御存じですね。それは現代日本人の身近にあつて、辞書をはじめ、電話帳、各種の名簿類などを通して、生活のなかに融け込んでゐます。多数の人名を並べるときに、それを五十音順に並べることが、ほとんど常識になつてゐると思ふのです。近年に及んでは、さらに携帯電話に取込まれたことによつて、もはや五十音図を切りすてることができない世界に、わたくしども日本人は住むことになりました。

かうして、現代日本人の言語生活のなかにしつかりと生き続ける五十音図にも、すでに千年の歴史があり、現代のわたくしどもが日本語について考へるときにも、五十音図はきはめて大切な拠り所となつてゐるのです。

五十音図がいつごろ、誰によつて作られたのかといふこと、その名がいつごろ誰によつて定められたのか、といふことなどは、まだよくわかつてゐないことです。京都の大寺、醍醐寺《だいごじ》は貴重な多数の古文献を伝へてゐることでもよく知られてゐます。その古文献の一つ『孔雀経《くじやくきよう》音義《おんぎ》』が書き写された年代は、十一世紀初頭の一〇〇四年から一〇二八年までの間と推定されてゐて、そこに現在知られてゐる限りでは最も古い五十音図が見えるのです。また、その次に古い五十音図としては、一〇七九年に書き写された二種類の五十音図があり、これは大東急記念文庫に伝へられた『金光明最勝王経音義《こんこうみようさいしようおうきようおんぎ》』といふ文献に見えてゐます。かうして見ると、五十音図の歴史は十一世紀にまで溯ることができます。しかし、右の文献に見える三種類の五十音図は、どれも現在の五十音図とはかなり違つてゐました。その違ひについては省略することとして、三番目に古い五十音図を見ます。

アイウエオ
カキクケコ
ヤイユエヨ

サ シ ス セ ソ
タ チ ツ テ ト
ナ ニ ヌ ネ ノ
ラ リ ル レ ロ
ハ ヒ フ ヘ ホ
マ ミ ム メ モ
ワ ヰ ウ ヱ ヲ

これは明覚《みようがく》といふ学僧の著書『反音作法《はんおんさほう》』（一〇九五年の写本）に見える五十音図で、この第三行（ヤイユエヨ）を第八行に移し、第七行（ラリルレロ）を第九行に移せば、ほとんど現在の五十音図と同じになつてゐます。この縦の並びを行《ぎよう》と言ひ、横の並びを段《だん》または列《れつ》と言ひます。ここでローマ字を使ひますと、ア行（第一行）はaiueoの五字（これを母音《ぼいん》と言ひます）、カ行（第二行）以下はkystnrhmwの九字（これを子音《しいん》と言ひます）が並んでゐます。この子音と母音を組合はせますと、たとへばkakikukekoといふ五音節《おんせつ》になります。音節といふのは、その内部に切れ目が感じられない單独の音（右の母音）またはその連続（右のカ行以下）のことで、日本語では一つのかなで表はされる音が一つの音節になると言つてよいのです。そこで、五十音図は五つの母音音節と、一つの子音と一つの母音とが連続した四十五の音節を、十行五段に配列した、合計五十の音節の一覧表であつたわけで、それを五十音図と呼ぶやうになつたのです。

（注）ハ行の子音は十六世紀ごろまではFであつたと考へられるのですが、十八世紀にはすでにhになつてゐました。

ところが、よく見ると、イ、ウ、エの三音節がそれぞれ二回出てゐるのです。同じものは一つでよからうと言つて一つを削りますと、全体が四十七音節になつて、五十音図ではなくなりますね。これはどのやうに考へるべきであるのか。

いろは歌

まづ、イ、ウについて考へますと、ヤ行のイ（yi）、ワ行のウ（wu）は、古代の文献にもかすかな痕跡をとどめてゐますので、簡単に捨て去ることもできません。これに対して、ア行のエ、ヤ行のエをめぐつては、いろいろな問題が文献の上に残つてゐます。いろは歌がはじめて登場した文献は、前記の『金光明最勝王経音義』（西暦一〇七九年）です。そこに、すべての仮名を用ゐながら同じ仮名を二度と用ゐずに、七五調八句の歌としたいろは歌が書かれてゐました。これは十一世紀の識字階層に行はれてゐた仮名の一覧表でもありまし

た。いまその意味に従って漢字をあてはめ、濁点をも加へてみますと、

色《いろ》はにほへど　散《ち》りぬるを
わが世誰《よたれ》ぞ　常《つね》ならむ
有為《うゐ》の奥山《おくやま》　今日《けふ》越《こ》えて
浅《あさ》き夢見《ゆめみ》じ　酔《ゑ》ひもせず

といふ、みごとな歌になつてゐたのです。あまりのすばらしさに、三十年後には、これはどう見ても凡人の作ではあるまい、弘法大師がお作りになつたのだと書きしるした文献が現れ、さらにその三十年ほど後には、これを『大般涅槃経《だいはつねはんぎよう》』といふお経の中の文言「諸行無常《しよぎようむじよう》　是生《ぜしよう》滅法《めつぽう》　生滅滅已《しようめつめつい》　寂滅為楽《じやくめついらく》」の意味に合致するとした説明さへ現れました。しかし、これは弘法大師空海の作ではありません。なぜか。ア行のエとヤ行のエは、十世紀の中ごろまでは、共に存在してゐました。それは、その二音節の発音の上に区別があり、それを書きわける必要があつたからです。ところが、このいろは歌には「え」が一度しか見えないのです（今日越えて、ヤ行のエに相当する例）。一方、弘法大師の在世は七七四年から八三五年までです。そこで、もしいろは歌が弘法大師の作であつたならば、その歌には「え」が二回出てきたはずなのです。これだけを見ても、いろは歌が明らかに弘法大師の作ではないことになります。ただし、

さうだからと言つて、弘法大師の栄光が薄れることは全くありません。それはむしろ、弘法大師が偉大な存在であつたことを証明する伝説となつてゐます。聖徳太子と弘法大師、この二人は、その死後にさまざまな伝説を生み出した伝説界の双璧なのです。ここに壁といふ字を書かないやうに御注意のこと。また、いろは歌のやうに七五調八句の歌の形式は、今様《いまよう》と名づけられてゐます。この形式の歌は主として平安時代後期、すなはち西暦一〇〇〇年以降に流行しましたので、さすがの弘法大師でも、八三五年の遷化《せんげ》以前にこの形式の歌を作つたとは考へることができません。

現代日本語において、ワ行のヰとア行のイとは発音上の区別がなくなり、ワ行のヱとア行のエも発音上の区別がなくなつてゐます。しかし、それだけの理由でワ行のヰ、ワ行のヱを五十音図から除外するといふ考へ方に、わたくしは同調することができません。ワ行のヲとア行のオも発音上の区別がなくなつてゐますのに、「本を読む」「テレビを見る」などとヲが多く用ゐられるといふだけの理由で、ヲを五十音図に残すといふ考へ方にも、わたくしは同調することができません。そのヲにしても身を削られて、岡《をか》本さん、小《を》川さん、緒《を》方さん、尾《を》山さん、長《をさ》田さんなどのヲは、すべてオに変へられ、名簿類の前の方に移されてしまひました。英男《を》さん、俊夫《を》さん、秀雄《を》さんたちにしても、「ひでお」「としお」などと書かれますと、その名の意味が十全には表現されなくなります。男性は「を」であつて「お」ではないからです。わたくしの名「馨《かをる》」にしても、かおると書いた郵便物が来たり、いろいろな書類にかおると書かされたりしますと、自分が自分ではないやうな気分になつて落着かないのです。やはり「を」は意味を主張しながら五十音図にとどまつてほしかつたと思ひます。ワ行の復権といふことは大切なことだと思ひますが、いまはこの程度にしておきます。阪急電鉄の駅の看板に、京都の行事「都をどり」の広告が出ました。そこに「をどり」といふ大きな文字があり、わたくしにはそのをの文字が光つてゐるやうに見えたのです。

　ここに五十音図のあるべき姿、日本語の泉をたづねるために必要な姿を掲げておきます。五十音図といふ名にふさはしい、五十音の配列表です。

あ　い　う　え　お
か　き　く　け　こ
さ　し　す　せ　そ
た　ち　つ　て　と
な　に　ぬ　ね　の
は　ひ　ふ　へ　ほ

まみむめも
やいゆえよ
らりるれろ
わゐうゑを

あめつちの詞

ここまでに見てきた五十音図、いろは歌などよりも古く「あめつち」と呼ばれる詞《ことば》がありました。これは十世紀の中期（村上天皇代、九四七〜九六七）に、当時の知識階層に行はれてゐた仮名四十八字を、いろは歌と同様に、一字の欠落もなく、一字の重複もないやうに並べてゐるのです。原文はすべて仮名書きですが、ここではわかりやすいやうに漢字をあてはめながら書いておくことにします。

あめ　つち　ほし　そら　天　地　星　空
やま　かは　みね　たに　山　川　峯　谷
くも　きり　むろ　こけ　雲　霧　室　苔
ひと　いぬ　うへ　するゑ　人　犬　上　末
ゆわ　さる　おふ　せよ　A　B

えの　えを　なれ　ゐて　C　D

この並べ方にはなんの基準もないやうに見えますが、よく見ると、どうやら一つの基準を意識してゐたらしいのです。のちほどわが国の図書館の歴史に言及しますが、辞書にも長い歴史があります。十世紀の前期、九三〇年代に、わが国最古の漢和辞書がまとめられました。その編者は源順《みなもとのしたがふ》（九一一～九八三）といふ人で、和漢にわたつてゆたかな学識があり、三十六歌仙の一人でもありました。このすぐれた辞書の名は『倭名類聚鈔《わみようるいじゆうしよう》』（略称和名抄《わみようしよう》）、それが多数の語を分類する順序として、天部に属する語群を第一に置き、地部に属する語群を第二に置き、水部に属する語群を第三に置いてゐました。この順序を、「あめつちの詞」と対照させてみますと、両者の冒頭が、『和名抄』の天部、地部、水部と「あめつちの詞」の「あめ」から「きり」あたりまでが、意味の上で重なつてゐることがわかりますし、「あめつちの詞」がどこから始めてもよいのに、なぜ「あめ」から始まつてゐるのかを説明することもできるのでした。「あめつちの詞」を作つたとき、作者の念頭に『和名抄』があつたことは、まづは動きますまい。

　このやうに「あめつちの詞」は二音節の單語を並べてゆく形になつてゐますが、それを最後まで綺麗に押し通すことは至難の業であり、なんとか最後まで調子を崩さずに持つてゆくためには、中程を過ぎたあたりから格別の工夫を必要としたはずです。そこに作者の大きな苦心があつたと思ひます。なにぶん欠落も重複も許されないといふ条件のもとで、残りの文字はどんどん少くなるのです。まづA「ゆわ　さる」は「ゆわ」が硫黄（鑛物）で「さる」が猿（動物）、これで落着きます。B「おふ　せよ」については、最後まで二音節語を連ねて押し通すことが作者の強い意図であつたとすれば、「負《お》ふ」「為《せ》よ」と動詞二語を並べたと考へられます。C「えの」が「榎《え》の」で「えを」が「枝《え》を」と見るべく、D「なれ」は「馴《な》れ」で「ゐて」が「居《ゐ》て」、これで意味の上に大きな破綻もなく、全体を結んでゐるやうです。CDはBを飛び越えてAの猿との間に意味上の微妙な響き合ひもあるかと考へられるのです。すなはち、猿が榎に馴れて、その枝に腰かけてゐる姿を、わたくしは想像してゐます。

この「あめつちの詞」において最も重要な問題は、C「えの　えを」といふところにあり、重複が許されないはずなのに「え」が重複してゐることです。これを結論から言へば、この二つの「え」は音韻が違つてゐたからです。つまり榎を意味する「え」は五十音図のア行の「え」eであり、枝を意味する「え」は五十音図のヤ行の「え」yeであつて、重複にはならなかつたのです。（このほかにワ行の「ゑ」weがあります。「あめつちの詞」では、「するゑ」の「ゑ」です）

えeとえyeとが音韻を異にしてゐながらも、それを表記の上で区別しないやうになつてゐたことは、その二種の音韻が徐々に接近して、一種にまとまる傾向にあつたからではないか、と考へられます。この「え」を軸として考へるならば、古い方から「あめつちの詞」「五十音図」「いろは歌」といふ順番になるやうで、接近してゐたeとyeの表記は、「いろは歌」において遂に一つになつたのではありますまいか。

江戸時代の末、文政十二年（一八二九）に『古言衣延辨《こげんええべん》』といふ書物が出ました。著者は加賀の藩士奥村栄実《おくむらてるざね》といふ人です。これは奈良時代の文献に見える「え」の仮名が、整然と二類に分れ、語によつてどちらの「え」を用ゐるかが、はつきりとしてゐたことを明らかにした研究でした。

ア行の「え」を示す文字……e

衣依愛哀埃英娃翳榎荏

ヤ行の「え」を示す文字……ye

延要曳叡江吉枝兄柄

そこで、榎《え》の木は榎といふ木で、その榎はア行の「え」であり、また古枝《ふるえ》は古い枝で、その枝はヤ行の「え」であり、榎を示すときにヤ行の「え」を用ゐず、枝を示すときにア行の「え」

を用ゐることがなかつたのです。この二類の「え」の区別は、あの五十音図にも明示されてゐました。たとへば、動詞「得《う》」（現代語える）は下二段に活用して、え・え・う・うる・うれ・えよ、とア行の中で変化しますが、動詞「越《こ》ゆ」（現代語こえる）は同じく下二段に活用しながら、こえ・こえ・こゆ・こゆる・こゆれ・こえよ、とヤ行の中で変化するのでした。かうして「あめつちの詞」における「えの　えを」が「榎（ア行のえe）の枝（ヤ行のえye）を」であつたことを知るのです。ここには、一つの動詞の語尾変化（活用）は五十音図の一つの行の中でおこなはれること、それが日本語の大原則であつたことも見えてゐます。この大原則については、また後に言及することになります。

ふねとふな

皆さんは「舟船《ふねふな》」と題する狂言を御存じですか。その「舟船」のなかに、日本語について考へるべき大きな題材が潜んでゐるのです。

都（京都）に住む主人は気晴しに旅に出ようと思ひました。そこで従者の太郎冠者に相談し、佳景を求めて津の国西宮、いまの兵庫県西宮市に出かけることにしました。やがて二人は神崎川にさしかかります。いまの大阪市と尼崎市との境ですね。ところが、これは室町時代の話で、神崎川には橋がありませんので、太郎冠者が渡し場で船を呼びます。

ホーイ、ホーイ、ふなやい。ホーイ、ふなやい、ホーイ。

これが渡し舟を呼ぶ太郎冠者の呼び声です。それを主人が聞きとがめて、

ヤイヤイ太郎冠者。ふなと言うては来《こ》ぬほどに、ふねと言うて呼べ。

と言ひましたので、そこから議論になりました。お互ひに古歌や謡曲から用例を引き出すのです。主人はふねの用例を、太郎冠者はふなの用例を引き出して激しく対立してゐるうちに、主人はついうつかりとふなの用例を出してしまひました。勝ち誇る太郎冠者を前にして、主人は怒つてごまかすほかはなかつたのです。正しい用法を主張した主人が負けた形をとる、そこに狂言としてのおもしろさがあつたわけです。しかし、劇文学を鑑賞する立場から離れて、日本語について考へる立場からは、かなり重要な問題が見えてきます。それは、水の上を渡るために人が用ゐる物の名を、どのやうな場合にふねと言ひ、どのやうな場合にふなと言うべきか、といふ問題として捉へることです。このやうなふねとふなとの対立は、現代日本語にもしつかりと残つてゐます。鉄道や飛行機によるのではなく、船による旅、船旅《ふなたび》に出ることにします。さて船に乗つて港を出ます。船出《ふなで》をして船路《ふなぢ》に就《つ》きます。その船の速度がだんだんに速くなりますね。これを船足《ふなあし》が速くなると言ひます。そのうちに波が立つて船が揺れますと、乗客のなかに気分が悪くなる人が出てくる。これが船酔《ふなよひ》をする人です。このやうに少し考へてみただけ

でも、ふなといふ形がたくさん残つてゐます。平家が滅亡した壇の浦の海戦、あれは船戦《ふないくさ》でした。船を作るための材木は船木《ふなき》ですし、船に住む虫は船虫《ふなむし》、船を作る職人は船大工《ふなだいく》、江戸にたくさんあつたといふ船宿《ふなやど》、それから人名や地名には船田《ふなだ》、船越《ふなこし》、船山《ふなやま》、船村《ふなむら》などがあり、航海に必要だつた羅針盤も古くは船時計《ふなどけい》と言ひました。船人《ふなびと》が歌ふ歌が船歌《ふなうた》です。右に示した多数の用例には、明らかな共通点があります。それは、ふなといふ形が独立しては用ゐられないこと、その下に必ず他の語が付着して熟語、複合語になる形ではたらくことです。一方のふねは独立するときの形で、渡《わた》し船《ぶね》にしても、船が渡しによつて修飾されてはゐるものの、ふねで終つてゐるのですから渡し船《ぶな》とは言ひません。稀な例外として神奈川県鎌倉市の地名大船《おほふな》がありますが、これにしても本来は岩手県の南端にある大船渡《おほふなと》のやうに、大船《おほふな》の下に付いてゐた語が脱落したのではないかと思はれます。

同様のことが他の多数の語にもあります。秋になると田に稲《いね》が稔ります。その稲は複合語の前項（頭）に置かれると、稲妻《いなづま》、稲光《いなびかり》、稲叢《いなむら》などのやうにいなといふ形になります。最上川の稲舟《いなふね》（大量の稲を運ぶ舟）の歌が『古今和歌集』にも見えます。御稲荷《おいなり》さんといふ神社があちらこちらにあつて、そこには狐の像が見えます。しかし、御稲荷さんは狐の神様ではありません。あれはいなりの縮約形であらうと思はれます。稲がなる、稔るといふ意味です。そのいねが複合語の前項に置かれますので、いなといふ形になるのです。そこで稲荷の神の正体は農耕神であり、五穀の稔りが豊かであることを守つてくれる神であつたはずです。農産物が多いことは、農耕民族にとつて大きな幸福でしたから、幸ひを授けてくれる神、福徳の神になつたのです。すでにお気づきのやうに、人名にも稲葉《いなば》、稲田《いなだ》、稲垣《いながき》、稲岡《いなをか》、稲川《いながは》などの多数の例があります。

次にあげる例はかなとかねです。かなが複合語の前項に置かれて、鬼に金棒《かなぼう》、金縛《かなしば》り、金槌《かなづち》、金椀《かなまり》（金属製のお椀）、金山《かなやま》（金銀銅などの鑛物を産する山）、鉄輪《かなわ》（輪の形をした金属、五徳《ごとく》のこと）、鼎《かなへ》（金属製の三脚の鍋）などの多数の用例があります。独立したらかねです。人名にしても金岡《かなをか》、金村《かなむら》、金井《かなゐ》、金崎《かなさき》、金沢《かなざは》、金森《かなもり》など多数あり、例外は金子《かねこ》さん、金田《かねだ》さんですか。この例外は古代以来の法則性が忘れられた後世の産物であらうと思はれます。ただし、金田さんのなかには、本来の形によつて「わたしはかなだです」と言ふ人もあり、名刺にふりがなをして誤読を防いでゐます。複合語の前項に置かれて独立しない形、非独立形はかな、独立形はかねですよ。

風はどうか。神戸の北野町には有名な風見鶏《かざみどり》がありますね。風上《かざかみ》、風下《かざしも》、それから風穴《かざあな》、風車《かざぐるま》、風花《かざはな》などがあり、非独立形かざ、独立形がかぜです。声はどうか。声色《こわいろ》、声音《こわね》、声高《こわだか》などがあり、非独立形こわ、独立形がこゑです。非独立形がこわといふ形で、その「わ」が五十音図のワ行に属してゐますので、独立形も同じワ行のヱ段音「ゑ」と交替して「こゑ」になるのです。日本語において、語の意味（語意）は変らずに語の形（語形）が変化するときは、五十音図の同一の行のなかで変化する。これが原則です。そこで、独立形をこえと書きますと、この整然とした法則性をことさらに崩すことになり、大きな不都合が生じてくることになります。

本書ではすでに何度か「御存じ」と書いてきました。それを「御存知」と書かなかつたことは、右に述べた原則に従つたからです。字音語（漢字を音読みにする語）を日本語の動詞として用ゐるときは、その字音語にサ変に活用する動詞、五十音図のサ行において変則的に語形を変へる動詞を付けることが原則です。そこで、存《ぞん》といふ字音語にサ変動詞す（ここではず。なぜここではすではなくてずなのか、その理由はまた後に言及するつもりです）を付けると、存ずといふ動詞になります。それは前述のやうに五十音図のサ行のなかだけで変化する語であり、そこにちとかぢとかのタ行に属する音が混在することはありませんから、存ずの連用形（名詞にもなる形）は存ぢにはならない、存じでなければならなかつたのです。当字《あてじ》（宛字）にはさまざまな多数の例があり、兎には角がないのに兎《と》（に）角《かく》と書いたり、弓矢とは関係がないのに矢張《やはり》と書いたり、また出鱈目《でたらめ》と書いたり素敵《すてき》と書いたりしますが、これはまだ無邪気な当字です。しかし奥床《おくゆか》しいとなると、形容詞「ゆかし」の成立にかかはつて、笑つて済ませることもできず、まして存知《ぞんぢ》となつては日本語の原則にそむき、文法に波及し、活用に対する意識を乱しかねません。このやうな当字は努めて排除しなければなりますまい。

さてまた、新年の景物としてお年玉といふものがあります。これは「年の賜物《たまもの》」といふ意味とも言はれ、「年の神の魂《たま》」といふ意味とも言はれて、ほほゑましく幼時の思ひ出を誘ふ当字「お年玉」となつてゐます。西鶴（一六四二〜一六九三）の作『世間胸算用』に「鼠の文づかひ」といふ話があり、その主人公の老母が妹からもらつた年玉銀《としだまがね》（当時の上方《かみがた》は銀本位制でした）をめぐる騒動が描かれてゐます。書名の胸算用にはむねざんようとふりがながあり、文中にはむなざんようとするところがあつて、独立形のむねも非独立形のむなも見えてゐます。胸毛《むなげ》、胸板《むないた》、胸座《むなぐら》、古くは胸乳《むなち》、胸分《むなわけ》など、非独立形がいろいろとあります。

ここまでに述べてきた船、稲、金、風、声、胸などの語に独立形と非独立形とがあり、いづれも五十音図の一つの行のなかで交替があり、非独立形はaで終り、独立形はeで終るといふ法則的な共通点がありました。日本人は古代から現代に至るまで、場面によつてこのやうな使ひわけをしてきたのです。応用問題二つ、手火はどう読みますか、答はたひですね。これは手に持つ火、松明《たいまつ》のことです。手綱はどう読みますか。答はたづなですね。これは馬に乗るときに手に持つ綱です。どちらも手《て》は複合語の前項にありますから、てひともてづなとも読みません。掌の訓読みはたなごころ、手の中心、手のひらのことで、これも複合語の前項にありますから、てではなく、たになります。手力《たぢから》、野の花を手折《たを》る、などの例もあります。手拭《てぬぐひ》、手《て》袋《ぶくろ》などは、このやうな法則性が忘れられてきたところに生じた後世の産物で、その意味で前述の金子《かねこ》さん、金田《かねだ》さんと同様であることになります。

　次に雨、酒、鏡などについて書きます。雨が降つてきた、大雨になつたら困る、などのやうに独立形はあめです。ところが、この雨が複合語の前項に置かれ、非独立形になりますと、雨《あま》だれ、雨《あま》もり、雨宿《あまやど》り、雨傘《あまがさ》、雨靴《あまぐつ》、雨雲《あまぐも》、雨乞《あまごひ》、雨戸《あまど》、雨蛙《あまがへる》などと申します。また、酒については独立形はさけ、これに対して非独立形には酒倉《さかぐら》、酒樽《さかだる》、酒盛《さかもり》、酒杯《さかづき》、酒手《さかて》、酒屋《さかや》などの例があり、酒菜《さかな》は酒を飲むときに食べるもので、その代表格が魚類でしたので、のちに魚類をさかなと呼ぶやうになつたのです。魚類のもとの名はいを、うをでした。いまも魚市場《うをいちば》、魚《うを》心《こころ》、魚鋤《うをすき》（料理の名）などと言ひますね。魚《うを》の目と言ふのは、足の裏、足の指、手のひらなどの表皮角質が肥厚したもの、これは辞書の説明です。

　ふなとふねから始めた話はまだまだ続きます。鏡《かがみ》といふものは日常の生活に必要なもので、誰でも一日に一度は鏡を見るはずです。その鏡を一つの單語だと思つてゐる人が多いのですが、これはかがとみとが結びつけられた複合語なのです。かがは独立形かげ（影）に対応する非独立形で、それにみ（見るもの）が付いてゐます。影（姿）をうつして見るもの、それが鏡なのです。もともと日本語の單語は二音節または一音節の語が大部分でした。そのことは先に紹介した「あめつちの詞」が端的に示してゐたことです。そこで、鏡のやうな三音節の一語として見える語も、よく考へてみると、二音節語と一音節語が複合してゐることを知るのです。あと一つ、前のことを書きます。前《まへ》といふ語は現代日本語のなかでもよく使はれ、意味の幅も大きく広い語です。それを大多数の人は二音節の一單語だと思つてゐるはずです。ところが、これは二つの一音節語まとへとが結合して、二音節の一單語のやうに見えてゐる複合語です。それではまとはなにか。このまは非独立形で、独立形はまが属する五十音図マ行のエ段音ですから、めになります。へとはなにか。これは岡辺、山辺、海辺、岸辺などに見られる語で、或るものの付近といふ意味の名詞です。そこで、前とは目辺《まへ》、目のあたりといふことになります。目は前頭部にありますから、目のある前頭部のあたり、目の前面、前方を意味する語としてまへが成立したと考へることができます。ついでに言へば、この非独立形まにふた（蓋）が付くと、まぶた（瞼）といふ三音節の複合語になります。雌《めす》の豚のやうな感じがするめぶたにあらず、目蓋《まぶた》です。まなこ、まなかひも同類、目に近いところにあるまつげもまゆも、そのまはこの非独立形のまに相違ないと思ひます。

　この項目の最後に、火および木について書いておきます。火《ひ》といふ意味でひといふとき、そのひは独立形ですが、非独立形としてはほになります。炎をいまはほのおと読みますが、このもとの形はほのほなのです。上のほは火《ひ》の非独立形で、下のほは上方に突出してゐる部分、先端部を意味する語で、稲の穂《ほ》、船の帆《ほ》、筆の穂《ほ》、麦《むぎ》の穂《ほ》などもみなこれです。めらめらと燃える火の先端部、これが火の穂であることはよくおわかりですね。お尻が光る虫、螢が火垂《ほたる》であることもよくおわかりですね。古語には火影《ほかげ》、火中《ほなか》、火気《ほけ》、火焚《ほたき》、火照《ほてり》（夕焼のこと）などの例もあります。

　木といふ意味できといふとき、そのきは独立形ですが、それが非独立形としてはこになります。それには木末《こずゑ》（梢）、木陰《こかげ》、木魂《こだま》、木洩陽《こもれび》、さらに木匠《こだくみ》（大工さんのこと）、木下闇《こしたやみ》、木《こ》隠《がくれ》、木高《こだか》し、木立《こだち》、木《こ》の間《ま》などの例が多く、江戸時代からは、木の屑、木の切れ端《はし》を木端《こっぱ》と言ふやうになりました。いまも時代劇のなかで人をさげすんで、木端役人《こっぱやくにん》とか木端野郎《こっぱやろう》とか言つてゐますね。中学生でも木陰を小影だと思つてゐる生徒が多いらしく、これは体系的ではない国語教育の悪弊が、はしなくも露頭した一事象であらうと思ふのです。木陰はなぜきかげではないのか。なぜこかげと読むのかと質問する生徒が現れたら、先生はどのやうに答へてやるのでせうか。

動詞の自他と複合

日本語にも、他の言語と同様に動詞と呼ばれる語群があります。それは主として動作や作用を表現しますが、なかには「ある」「ゐる」のやうに存在を表現する語もあり、詳しく研究されてゆくうちに、さまざまに分類されるやうになりました。ここでは動詞を自動詞と他動詞に分ける考へ方に従つて話を進めることにします。まづはその用例です。

（自動詞）	（他動詞）
理解が深まる	理解を深める
頭が痛む	頭を痛める
紐がほどける	紐をほどく
苦労が重なる	苦労を重ねる
病気がなほる	病気をなほす

右の用例においては、たとへば「苦労が重なる」と言へば「苦労といふことが、重なるといふ動作をする」のであり、「苦労を重ねる」と言へば「苦労といふことを重ねる、といふ動作を

する」ことになります。言ひかへれば、「重なる」は苦労自身の動作ですが、「重ねる」は苦労自身の動作ではなく、苦労が「重ねる」といふ動作の対象になつてゐるのです。

この自動詞なり他動詞なりは、個々別々にはたらくだけではなく、それが二語連続し、複合してはたらくことも現れてきます。すなはち複合動詞の登場です。動詞が複合しますと、動作の表現が詳細になり、複雑な動き、微妙な動きをも表現することができるやうになりました。

現代語から例をあげますと、

1　泉の水が澄みとほる

2　桜の花が散りはてる

3　人の心を繋《つな》ぎとめる

4　全財産を使ひはたす

1澄みとほるはただ澄むだけではなく、泉の底まで見えるほどに綺麗に澄むことであり、2散りはてるはただ散るだけではなく、花の散り方が限界にまで及んでゐることを表現してゐます。また、3繋ぎとめるはただ繋ぐだけではなく、動かないやうにしつかりと繋ぐことであり、4使ひはたすはただ使ふだけではなく、財産の使ひ方を極限にまで及ぼすことを表現してゐます。

ここで注意すべきことは、1で複合する澄む、とほるがどちらも自動詞であり、2で複合する散る、はてるがどちらも自動詞であること、また、3で複合する繋ぐ、とめるがどちらも他動詞であり、4で複合する使ふ、はたすがどちらも他動詞であることです。このやうに、複合動詞においては、その複合する二つの動詞の、一方が自動詞ならば他方も自動詞になり、一方が他動詞ならば他方も他動詞になる。これが原則です。この原則にそむいて

家運を立ち（自動詞）なほす（他動詞）

家運を立て（他動詞）なほる（自動詞）

などと言ふ表現は日本語ではありますまい。ここは、家運が立ちなほる、あるいは、家運を立てなほす、と言はなければなりません。

そこで現代の流行語「立ちあげる」について考へてください。右に述べてきたところから、すでにおわかりのはずです。

立ち（自動詞）あがる（自動詞）

立て（他動詞）あげる（他動詞）

などは日本語ですが

立ち（自動詞）あげる（他動詞）

これは日本語ではありますまい。総理大臣をはじめとする国会議員、会社の社長、銀行の頭取、

各種団体の役員、学校の教員などに、さらには新聞記者、放送担当者などにも、伝染病のやうにひろがつた奇怪な流行語、この耳障り、目障りな流行語「立ちあげる」を、大切な、愛すべき日本語の世界から排除したいものです。読者の皆さんはどのやうにお考へになりますか。

国語改革のこと（1）

明治といふ時代は、わが日本にとつて大きな変革の時代でした。その変革の一環として、日本語の表記法、書きあらはし方についても、さまざまな意見が出てきました。それを大別しますと、一つは漢字を廃止して、あるいは漢字の使用を大きく制約して、専らかな文字だけを使ふことにしようといふ「かな文字論者」の活動であり、一つは漢字もかな文字も共に廃止して、ローマ字だけを使ふことにしようといふ「ローマ字論者」の活動でした。それは日本人自身の間に興つた国内問題であり、さうした改革論を否定する人々と対立しながら、昭和二十年（一九四五）に至りました。ところが、太平洋戦争が終結しますと敗戦国日本を占領してゐた連合国軍の総司令部、いはゆるＧＨＱの内部に、日本語の表記法に手を加へようとする動きが出てきたのです。さうして、その占領軍の意向に迎合して、かな文字論者やローマ字論者の動きがにはかに活潑となり、外国の権力を背景として、一挙に日本語の表記法を変革してしまはうとする様相が見えてきました。これに対して、日本文化の根幹たる日本語の表記法は原則として守るべきであり、濫りに手を加へてはならないとする良識派が、少数ではありましたが正論を掲げて激しい抵抗を続けたのです。当時のわたくしは学生の身分であり、なんの発言力もなくて、かうした不穏な世の動きを見つめてゐるばかりでした。結局のところは、漢字の使用が著しく制限され、送りがなの付け方に奇妙な枠がはめられ、かなづかひが表音式に改められるなど、さまざまな改悪が強行されました。

戦争が終つた直後の数年は、日本国民が日常の衣食住のすべてにおいて窮乏の中にあつた時期です。言ひかへれば、日本文化の将来にかかはる重大な問題に、国民の眼が向きにくい時期であつたのです。しかも、かうした改訂は公文書に用ゐるためのものであるといふ仮面をかぶつてゐたにも拘らず、それを新聞や教科書が採用しましたので、たちまち全国に普及してしまひました。国家百年の計とは程遠い、どさくさ紛れの改悪であつたと言つても過言ではありますまい。

やがて二十年を経て、かな文字論者、ローマ字論者の動きが基本的に封じ込められる時が来ました。昭和四十一年（一九六六）六月十三日のことです。当時のわたくしは文部省に勤務し、教科書調査官といふ立場にありました。その日も文部省に出勤して、出版社から提出された教科書原稿に目を通してゐたのですが、朝から省内の空気がなにやら落着かず、聞けば午後の国語審議会で中村梅吉文部大臣が重大な発言をするのだと言ふのです。しかもそれは表記法にかかはることらしいと言ふのです。わたくしは仕事が手につかなくなつて、主任調査官のおゆるしをいただき、審議会を傍聴させてもらふことにしました。文部省に隣接する教育会館の会議室で、審議会の委員諸氏を前にして、文部大臣はまさに重大な発言をしました。

　今後の御審議にあたりましては、当然のことながら、国語の表記は漢字かなまじり文によることを前提とし云々。

これが重大な発言です。なんだ、当り前のことではないか、と思ふ人も多いはずです。しかし、ここに来るまでが大変だつたのです。漢字かなまじりを以て国語表記の正則とすることを、国語審議会の席で議決すべしといふことは、かねがね吉田富三委員（東大教授、癌研究所所長）が提案してゐたことでありましたが、かな文字論者たちに遠慮して、審議会はそれを無視してきたのです。ここにおいて、文部大臣のこの宣言によつて、かな文字論者もローマ字論者も、表記問題の表舞台から退場することになつたわけで、これこそは良識派の人々、それを支へてきた人々が、久しく待望してゐたことでした。さればこそ、帰りのエレベーターで御一緒になつた吉田富三先生のお顔には、ふかい安堵の色が漂つてゐました。まだ改善の余地が大きいとは言へ、これで表記問題の基本線は辛くも守られることになりました。わたくしはその画期的な審議会の席に幸ひにも居合はせることができたのです。思へば、本当に長い二十年でした。

なほ、良識派の人々としては、市原豊太、宇野精一、塩田良平、成瀬正勝、福田恆存、舟橋聖一、山岸徳平、吉田富三、小汀《をばまとしえ》利得、などの方々のお名前が、わたくしの記憶に残つてゐます。また、ＧＨＱが強制しようとした日本語表記のローマ字化に、それは日本文化に重大な悪影響を及ぼすことであり、日本人みづからが決めるべきことであると言つて、猛然と反対した人、アメリカの文化人類学者Ｇ・Ｔ・ボールズ氏の見識も、ふかく記憶に留めたいと思ひます。日本語の泉に向ふ遠い遥かな細道は、かうした人々の努力によつて、辛くも守られてきたと言へるやうです。

国語改革のこと（2）

書き言葉は、死んだ人とまだ生れてこない人とを結ぶものである。

こんな名言を吐いた人（小泉信三）がゐました。話し言葉は、次から次へと時の流れのかなたに消えてゆきますが、文字による書き言葉は消えることがなく、中世のすぐれた謡曲の数々も、平安時代の『源氏物語』も、奈良時代の『万葉集』も、その時代の人々と現在のわたくしどもを繫ぎとめてきました。そればかりではなく、その過ぎ去つた時代の書き言葉は、現代のわたくしどもがすべて死に絶えた後の、次の時代の人々、これから生れてくる人々とを繋ぎとめるはずです。かうした一つの大きな流れは、すべて日本語の泉から湧き出た水を本流として流れ下つてきたのであり、また未来に向つて流れてゆくのです。その川の美しく静かな流れが、汚染されることがないやうに努め、障害物によつて乱されることがないやうに努めて、その流れを大切にすることは、過去と未来とを結ぶわたくしども現代人の大切な責務だと思ふのです。

福田恆存『國語問題論争史』によれば、大正十一年（一九二二）七月九日、当年六十歳の森鷗外は、

　自分は日本文化の将来については些かの懸念もない。ただ、仮名遣を変へようとする運動があることだけが気がかりでならない。

といふ悲痛な言葉を遺して世を去りました。これを見ますと、鷗外は、仮名遣を変へることが日本文化を継承し発展させてゆく上に重大な障害となることを憂慮し、歴史的仮名遣に絶滅の危機が迫つてゐる現代を、すでに見据ゑてゐたやうです。太宰治の『津軽』が歴史的仮名遣で書かれてゐることを、皆さんは御存じでせうか。その中に「日出づる国」と書いてゐるところがあり、それを勝手に現代仮名遣に改めて「日出ずる国」としてしまふものですから、この日は出るのか出ないのか、といふ話にもなります。「日出づ」なら日は出ますが「日出ず」なら

日は出ませんね。ここで本当に憂慮すべきことは、「日出ず」と書いてあつても、それを何の違和感もなく、日が出るといふ意味に受取る人が多くなつてきたことです。

犬鷲《いぬわし》といふ鳥は、久しい年月を地球上の大鳥として、王者のやうに大空を飛翔してきたのですが、人間の勝手によつて棲息地が狭められ、いまや絶滅危惧種に指定されてしまひました。歴史的仮名遣といふ大鳥もまた、浅はかな国語審議会といふ人間の勝手によつて棲息地が狭められ、絶滅の危機に迫られてゐます。あの『津軽』の「日出ずる国」は、日本語の表記上の危機を象徴的に物語ることであり、日本語に対する正常な感覚をどのやうにして取り戻すか、といふ国家的な問題をも提示してゐると思ふのです。歴史的仮名遣の復権は、そのための特効薬であらうと思はれますが如何。「急がば廻れ」といふ諺もあります。

この日本語の表記法といふ大問題については、さらにいろいろと述べるべきこともあるのですが、それはまたのちほど触れることになるかと思ひます。ここでは送りがな、漢字の略字について一言してから、先に進むことにします。

送りがなと略字

国語審議会は「送りがなの付け方」といふものを定めました。そこでは、たとへば「暴走族の取り締まり」と書かせようとします。あまりに滑稽なので、さすがに会社関係ではこれには従はず、「取り締まり役」と書かずに「取締役」と書いてきました。そこには、日本語の表記において重要な役目を担ふ漢字を、努めて減らすといふ考へ方が露骨に見えてゐたのです。漢字一字の訓み方に一音しか認めないならば、敢へて漢字を用ゐて「取り締まり」と書かなくても「とりしまり」と書けば手間がはぶけるのでせうか。かうして、日本語の表記における漢字の比重を努めて軽くしてゆき、その行手に漢字を全廃するといふ状況を期待してゐたものと考へられます。これは、いはゆるかな文字論者、日本語の表記から漢字を締出さうとする人々が意図したことでした。日本語の表記から漢字を排除してしまつたら、どんなにたいへんな事態になるか、ちよつと考へてみただけでも恐ろしいことですね。「きもちがわるい」と書くときに「気持ちが悪い」と書かせようとしますが、どうして「気持が悪い」では不都合なのでせう。このやうな方針の弊害は、第一級の文化遺産『万葉集』における第一級の歌人大伴家持にも及びました。この人の名を「大伴家持ち」と書く学生が多数現れて、わたくしを悲しませるのでした。

亀といふ動物がゐます。この亀は日本の文学、歴史、美術などとふかい関係があつて、たとへば、奈良時代の年号に霊亀、神亀、宝亀などがあり、有名な天平《てんぴょう》といふ年号にしても亀の背に書かれてゐた文言「天王貴平知百年」にもとづくとされてゐますし（『続日本紀』天平元年六月條)、有名な浦島太郎の物語の原形が『丹後国風土記逸文』にあつて、そこに亀姫(いはゆる乙姫様《おとひめさま》)が登場し、さらには四神図に姿を見せ、のちには鶴と結びついて吉祥を意味する意匠にもなりました。近年では明日香村で出土した亀形石造物遺構がよく知られてゐますね。

この亀といふ文字は略字であり、正字は画数も多く、書き順もむづかしい文字なので、正直に言つてわたくしは書くこともできず、この略字を愛用してゐます。一方、亀は爬蟲類《はちゆうるい》に属する動物ですね。その蟲といふ文字は虫が三つも一緒になつてゐて煩はしい、一つでよからうといふことであつたのか、いつの間にか一つにされて、虫といふ文字は音読みでチュウ、訓読みでむしになりました。しかし、もともと虫は音読みはキ、訓読みはまむし、蟲は音読みチュウ、訓読みはむしであつたのです。さうすると、蟲と虫とはもともと音を異にし訓(意味)を異にする二つの文字であつたことになり、蟲の略字が虫という関係ではなかつたことになります。虫を略字の仲間に入れてよいのかどうか、大いに問題が残つてゐます。この奇妙な関係にはやく気づいてゐた人もありました。いまを去る六十数年のむかし、わたくしが中学の一年生であつたとき、生物の授業時間に先生は黒板に「爬虫類」の三文字を大書して、これはきるいであると言はれました。そのことが中学時代の思ひ出の一つとして鮮かによみがへります。

図書館といふ文化施設は、公共の機関として全国各地の自治体に設けられ、また大学から小学校に至るまで、国立、公立、私立の別を問はずに設けられて、社会のさまざまな分野にわたる知識教養の宝庫として、すぐれた活動を示してきました。そこには、当然のことながら、歴史的展開の跡もあり、わが国における図書館の歴史は、遠く奈良時代にさかのぼります。その奈良時代に石上宅嗣《いそのかみやかつぐ》（七二九〜七八一）といふ人あり、この人は高級官僚として幾つもの要職を歴任しました。『万葉集』にも短歌一首（巻十九、四二八二）を残しましたが、歌よりも漢詩が得意であつたやうです。この宅嗣の最大の功績は、はじめて図書館を設けたことです。宅嗣は旧宅を寺として亜閦《あしゆく》寺と称し、その一隅に図書館を建てて、学問を好む人々に多数の蔵書を公開したのです。これがわが国における最初の図書館で名は芸亭、ほかに芸学院、芸館、芸局などの別名もありました。いま法華寺や海龍王寺に程近く、奈良市立一条高等学校の東側に「芸亭顕彰碑」が建てられてゐます。

さて、この図書館の名「芸亭」をどう読むのか。大多数の人は「げいてい」と読みますが、それは誤りで「うんてい」が正しいのです。この誤りの由《よ》つて来《きた》るところはなにか。それは、国語改革の当事者たちが、芸がもともと一つの文字として存在してゐたこと、奈良時代の図書館第一号の名であることを知らなかつた無教養、よく調べもせずに藝の上部と下部とをつなぎ合はせて一字とした軽々しさにありました。芸《うん》は香草《かをりぐさ》の名であり、これを書物にはさんで紙《し》魚《み》の害を防ぎました。そこで、多数の書物にはさまれた芸の香りが漂つてゐる建物の名として「芸亭」はいかにもふさはしいのでした。芸閣と言へばそれは図書館のことです。かつて東京の文京区に芸艸社といふ出版社がありました。いまもありますかどうか。そこは松田修『萬葉の花』のやうな好著を出してゐたところで、その名「芸艸」は香草といふ意味ですから、これも出版社の名としてまことにめでたいことでした。図書館に出かけて芸術、芸能、文芸などの文字を見るたびに、わたくしは図書館の先覚者石上宅嗣を思ひ出します。前述の『和名抄』にも、芸は香草であると書いてあります。藝の略字であつてはならないのです。いま漢字の御本家では、さすがに藝の略字を芸とせずに、艺としてゐる由です。

てにをは（1）

文法の話と聞くと、それだけで顔をしかめる人が多いやうに思はれます。それは学校で文法を教へるときの教へ方が適切ではなかつたことに、その大きな原因があつたからであらうと思ふのです。さらに溯るならば、文法といふものは、もともと体系を備へたものですが、その教へ方が体系的でないやうに出来てゐる指導要領に問題があるのではないかと思ひます。そこで、本書ではさうした反省の上に立つて、日本語の文法の一端を、努めてわかりやすく説明してみようと考へてゐます。

　さて、たくさんの語は、それぞれが持つてゐる性質、はたらき方によつて、幾つかの群（グループ）に分類されます。たとへば、飛ぶとか泣くとか在《あ》るとかいふ語の群は、物事の動き、物事が存在することを表現して、動詞と名づけられ、また低いとか固いとか悲しいとかいふ語の群は、物事の状態、物事の状態から受ける気持などを表現してゐて、形容詞と名づけられてゐます。かうした語の群の共通の名として品詞《ひんし》があり、たとへば、「火に水をかけた」といふ文を品詞に分類すると、火（名詞）に（助詞）水（名詞）を（助詞）かけ（動詞）た（助動詞）となります。ここに出てきたにといふ助詞、をといふ助詞は、たくさんある助詞のうちの二例であり、たといふ助動詞も、たくさんある助動詞のうちの一例です。この助詞とか助動詞とかいふ助といふ文字には、なにか主体となるものが他にあつて、それに付属した補助的な語であるかのやうな印象、従属的、あまり重要ではないものであるかのやうな印象があります。加へて、助詞、助動詞を付属語と名づけ、それ以外の品詞を自立語と名づける説もあつて、助詞、助動詞はいよいよ影がうすいと見られがちなのです。しかし、実際には、この助詞、助動詞にこそ、言語主体（表現者）の立場、判断、意志、感情などを表現するはたらき、前後の語がどのやうに関係するかを示すはたらきがあります。それは他の品詞には無いはたらきであつて、日本語の大きな特徴を示す要素、きはめて貴重な要素なのでした。この助詞、助動詞が担つてゐる貴重なはたらきは、日本語の骨組みとして、古代日本語から現代日本語にそのまま受継がれてゐるのでありますから、わたくしどもは助詞、助動詞をその助といふ名に迷はされることなく、大切にしなければならないのです。さうして、それを大切にするためには、やはり勉強しなければなりませんね。たいへん長い前置きになりましたが、これから少し勉強してみませう。

　ある人（表現者）が火（名詞）、かける（動詞）、水（名詞）といふ三つの語を並べたとします。しかし、これだけではその人がどんなことを言ふつもりなのか、はつきりしてゐません。多分、火に水をかけることであらうとは思はれますが、それが正確に表現されてゐませんし、かけるといふ動作がすでに終つたのか、これからなのかも不明確です。この三語を並べただけでは、日本語の表現になりませんね。ところが、そこに助詞や助動詞がはたらくと、さてどうなるか。助詞のにとをがはたらいて火に水をとなれば、火と水との関係が明らかになりますし（火を水にでは関係不明）、さらに過去・完了の意味を持つ助動詞たが添へられますと、それによつて、水をかけるといふ動作がすでに終つたことが明らかになり、火に水をかけたといふ意味の通つた文となつて、表現者の判断が正確に示されたのです。

　『万葉集』の代表的な歌人大伴家持は、天平勝宝二年（七五〇）三月に霍公鳥《ほととぎす》の歌二首を詠みました。

霍公鳥今来鳴き始む菖蒲《あやめぐさ》蘰《かづら》くまでに離《か》るる日あらめや　（巻十九、四一七五）

わが門《かど》ゆ鳴き過ぎ渡る霍公鳥いや懐かしく聞けど飽き足らず　（巻十九、四一七六）

さうして、前者には「毛能波（ものは）三箇の辞を闕《か》く」、後者には「毛能波氐尓乎（ものはてにを）六箇の辞を闕く」と注記して、代表的な辞（助詞）を意識的に用ゐなかつたと言つてゐます。平素は多用する特定の助詞を敢へて用ゐることなく、作歌することを試みたのです。

『万葉集』における助詞の使用回数を詳しく調査した人があります。その結果によれば、上位六語の順位と使用回数が次のやうになつてゐました。

1　の　五一八五回
2　に　二七三一回
3　を　一九七三回
4　は　一八四三回
5　て　一五五九回
6　も　一四五一回

家持自身がこのやうな計算をしたはずはありません。その家持が敢へて用ゐなかつた助詞六語が、使用回数の上位六語とみごとに一致してゐたのです。右の二首の注記に、助詞に対する家持の鋭い意識がよく見えてゐると思ひます。

かうして助詞、助動詞の重要なはたらきは、はやくから知識人たちの意識にあり、たくさんの助詞を、て、に、はの三語に代表させ、「てには」と名づけてゐました。これに助詞ををも加へて「てにをは」と言ふこともありました。これは平安時代の末、一一八〇年ごろからのことです。さうして、すでにそのころから歌人たちや連歌師たちの間に、助詞、助動詞の用法の誤りが目立つやうになつてゐたらしく、やがて「てにはちがひ」とか「てにはも合はず」とかいふ指摘が文献に見えはじめてきます。そのやうな指摘は近代に入つてからも、森鷗外の作品（蛇）や夏目漱石の作品（明暗、八七）に見えてゐます。すぐれた作家たちは、さすがに日本語における「てにをは」の重さをよく認識してゐたのです。

てにをは（2）

さて次に、助詞「は」のはたらきについて、すこし考へてみることにします。学校の生徒、学生の皆さん、学校の教員、事務職員の皆さん、会社や銀行の職員の皆さん、役所の職員の皆さんなどは、学生証あるいは身分証明書を持つてゐますね。これがないと、交通機関の通学定期券や、美術館、博物館などの割引入場券を買ふことも、また近頃では銀行から預金を引き出すこともできない場合があるのではありませんか。そのやうな大切な証明書ですが、それをよく見たことがありますか。そこには、左記のやうな短い文が書かれてゐるはずです。

上記の者は本校の生徒であることを証明します。

また、卒業証書、表彰状、感謝状などでは、どのやうに書かれてゐますか。わたくしも十年ほど前に一度だけ感謝状といふものをいただいたことがありますので、久しぶりにそれを開いてみましたところ、

あなたはみごとな歌詞を作ってその願いに応《こた》えてくださいましたことは誠に感謝にたえないことです。

と書いてありました。この助詞はは、ある物（右の例では「上記の者」「あなた」です）を特に取出して提示し、それについてその下に解答あるいは説明（右の例では「本校の生徒である」「みごとな……くださいました」です）を求めるはたらきをします。図式としては「ある者―は―解答（説明）」といふ形になります。ここで注意しなければならないことは、この解答（説明）にあたる部分が、動詞、助動詞である場合は、終止形になる、言ひ切りの形になるといふ大原則があることです。右の例では「本校の生徒である」と言ひ切りの形にならずに、

すぐ下に「こと」といふ名詞（体言）が続いてゐますから、この「ある」は動詞「ある」の連体形です。また「応えてくださいました」と言ひ切りの形にならずに、すぐ下に「こと」といふ名詞（体言）が続いてゐますから、この「ました」の「た」は助動詞「た」の連体形なのです。これでは古代以来の大原則にそむくことになります。そこで第一例を正しい形に改めると、

上記の者は本校の生徒である。このことを証明する。

とするか、あるいは、

上記の者が本校の生徒であることを証明する。

とするか、どちらかになりますし、第二例を正しい形に改めると、

あなたは……その願いに応えてくださいました。誠に感謝にたえないことです。

とするか、あるいは、

あなたが……その願いに応えてくださいましたことは誠に感謝にたえないことです。

とするか、どちらかになります。かうして、「何々は」と言つたら、それを言ひ切りの形で受け止めなければならないのです。これを堅苦しく申しますと、

助詞「は」は従属文の主格に立たない。

といふことです。前記の学生証を発行する人は校長先生ですね。すなはち「証明する」といふ

動作をする人は、その校長先生であつて、それがこの文全体の主語として潜在してゐるのです。

　（わたしは）証明する。

これがこの文全体の主文です。それならば、なにを証明するのか、証明する内容はどのやうなことか。それは「上記の者は本校の生徒である」といふことであり、それ自体が一つの主文です。この主文が右の主文の中に組込まれることになりますが、主格はあくまでも一つであつて、一つの文の主格が二つも存在することは不合理ですから、主文に従属する従属文として主文の中に入つてゆくことになります。そのときに従属文の主格「上記の者」を示す助詞として「は」に代つて立ち現れる助詞が「が」であつたのです。言ひかへるならば、「上記の者が本校の生徒であること」といふ部分が、「（わたしは）証明する」といふ主文に対する従属文であることを、助詞「が」が明確に示してゐるのでした。まさに助詞「は」は従属文の主格に立たず、ここに日本語のしつかりした原則、骨格が見えてゐます。右の感謝状の場合は「あなたが……その願いに応えてくださいました」が従属文になつてゐます。助詞「は」の特性の一つがおわかりになつたかと思ひますが、いかがでしたか。

　日本語は曖昧な言語である。従つて、日本語によつて事柄を正確に表現することができなくても、それは日本語の責任であつて、わたしの責任ではないのだ。こんなふうに言ふ人が世間にはかなり多いやうですが、それは責任逃《のが》れといふものです。正確に、わかりやすく表現することができないのは、その人の頭の中が不正確だからであり、「助詞や助動詞」（てにをは）の使ひ方が不十分であつたり誤つてゐたりするからです。しつかりと「てにをは」の勉強をして、それを使ひこなすやうになれば、どのやうなむづかしい事柄でも、正確に表現することができます。自分にとつて都合がわるいことがあると、自分の不勉強や怠慢を棚に上げて、すぐに人の所為《せゐ》にしてしまふ、さうした風潮に流されないやうに気をつけたいものです。どうぞ日本語に罪を着せないでください。なほ、日本語には婉曲表現が発達してゐますので、婉曲と曖昧とを混同しないやうに気をつけることも大切です。

哲学とはむづかしいもの、哲学の論文とは「難解」の代名詞、こんなふうに思つてゐる人が世間には多いやうに思はれます。実際にそれは事実に近いやうですが、どうしてそのやうになつたかと言へば、哲学者たちが論文を書くときに、読者として専門家だけを意識して、哲学に関心を持つてゐる人ならば誰にでもわかるやうな、平明な、わかりやすい表現をしようといふ努力をしなかつたからだと思ひます。その点において注目すべき人は、哲学者和辻哲郎です。その著『続日本精神史研究』に載せられた「日本語と哲学の問題」は、日本語が曖昧な言語ではなく、哲学的思索すなはち理論的思索にとつても不向きな言語ではないことを論証した実践の記録でもありました。「あるといふことはどういふことであるか」、この問ひかけ自体がすでに平明そのものであり、普通の哲学論文ならば、その標題が「存在を論ず」とか「存在とは何か」とかになつたのであらうと思ひます。そこには「てにをは」を日本語独特の長所として、次のやうに述べられたところもあります。

それは、ものや関係の捕へ方の極めて豊富な一面を示すものである。この助詞なるものは他国語に於ける格や前置詞よりも遥かに働きの多いものであつて、ただに名詞、形容詞、代名詞等の他語に対する関係を示すのみならず、あらゆる種類の語及び文章の中間にあつて両者を連絡させ、意味の強調、濃淡づけ、情意上の繊細な区別、方向の指示等の役をつとめるのである。

（昭和四年、一九二九稿）

日本語を以て思索する哲学者よ、生れ出でよ、といふ和辻哲郎の一言は、わたくしを含めた国語学、国文学の学徒も傾聴しなければなりますまい。大野晋はその新潮文庫、岩波新書などに収められた著作によつて「すぐれた変圧器」と呼ばれた人（英語学者渡部昇一の評、一九七八年十月二十四日、朝日新聞）です。わたくしも、いまや齢《よはひ》八十を迎へるに当つて、せめてはおそすぎた変圧器になりたいと願つてゐます。

君が代の歌（1）

現代日本語が古代日本語以来の一続きの流れの末にあるといふことは、すでに述べたことです。従つて、現代語のなかに古典的な表現が残つてゐても、それは少しも不自然ではありません。政治家はよく「わが国」とか「わが党」とか言ひますし、夏目漱石の『わが輩は猫である』はよく知られてゐますね。

わが家《や》の庭にも沈丁が咲いた。

明日はわが身だ。

このやうに、「わ・が・名詞」といふ語法が、古代から現代に至るまで多用されてきたのです。「わが里《さと》」も「わが君」も同様です。

わがきみは　千世《ちよ》にやちよに　さざれいしの　いはほとなりて　こけのむすまで

この歌は『古今和歌集』巻七の最初に載つてゐる賀歌で、作者は誰ともわからないのですが、おそらく九世紀の中ごろ、西暦八五〇年ごろの作であらうと考へられます。それを読みやすくするために、句ごとに切つて書きました。この歌集の種々の写本には、第二句と第五句に小さな異同があつて、一首の歌としては三通りに書かれてゐるのですが、第一句はすべて「わがきみは」となつてゐます。この第一句が「わがきみは」から「きみがよは」となつたのは、いつのころからであるか。それを山田孝雄《よしを》は鎌倉時代初期（一二二〇年ごろか）と推定してゐます。

その後、この歌は鎌倉時代、室町時代、江戸時代を通して、さまざまな種類の文学作品にしばしば引用されて（たとへば『隆達小歌《こうた》』一五九〇年ごろか、室町時代末期の流行歌集）、明治時代に及びました。詳しいことは山田孝雄『君が代の歴史』（昭和三十年、宝文館）を参照してください。やがてこの歌は国歌として制定され、全国に普及しましたが、近年この六十年の間には、本来の意味もよく知られないままに、不毛の議論を呼んできました。本書ではさうした議論のなかに踏み込むことなく、助詞「が」について考へることを中心として、この歌の本来の姿やその背景を明らかにしたいと思ひます。

さて、人はすべて時代の子であつて、自分が生きてゐた時代の特色から大きな影響を受け、その時代のさまざまな制約から逃れることができません。わたくしども二十世紀から二十一世紀にかけて生きてゐる者は、この日本の現代社会におけるさまざまな特色、制約を背負つて生きるほかはないのです。そのことは、現代人のさまざまな営みの上に現れ、その営みの一つである文学作品の中にも、色濃く現れてゐます。紫式部の『源氏物語』について言へば、西暦一〇〇〇年ごろの上流階層に生きてゐた紫式部といふ人が、その置かれてゐた時代、属してゐた階層などの環境から大きな影響や制約を受けながら、『源氏物語』といふ長編小説を書きました。従つて、かうした条件を棚上げにして『源氏物語』を批評することは許されないのです。

これと同様に、通称を古今集といふ『古今和歌集』を批評するときにも、それが置かれてゐた環境なり条件なりをよく考へなければなりません。正岡子規が古今集はつまらない歌集だと言つたことには、それなりの理由があつたはずですが、やはり『古今和歌集』を生み出した時代、環境などに目が届かないままの発言であつたやうです。そこで当面の「わがきみは」の歌を見ますと、そこには幾つかの問題点があります。まづ一つは「ちよにやちよに」と言ふところで、そのよには一般的には世、代などの漢字があてられますが、よといふ日本語にはたくさんの意味があります。ある古語辞典を見ますと、よの意味として、

1　一生、生涯
2　寿命
3　年
4　一支配者の統治が続く期間、治世
5　朝廷、天皇
6　過去、現在、未来の三世のおのおの
7　時節、季節
8　世間、世の中

9　俗世
10　世界
11　世間一般、世の常
12　身の上、境遇
13　時世
14　男女の仲、夫婦の関係

などが示されてゐます。「ちよにやちよに」のよは、このうちのどの意味ではたらいてゐるのでせうか。現代の人は、六十歳を迎へた人の還暦を祝ひ、七十歳になつた人の古稀を祝ひ、七十七歳を迎へた人の喜寿を祝ひますが、平安時代の上流階級においては、かうした祝ひを四十歳から十年ごとにして、四十の賀、五十の賀と言つてゐました。たとへば『源氏物語』の「若菜上」には、光源氏が四十の賀を催してもらふことになつたとき、四十といふ先例はあるものの、自分としては十年後のことにしてほしい、と言つてゐるところがあります。これを現代人の頭で考へて、四十なんて早すぎだよ、と言ふ人もあります。現代は人の寿命が延びて女性は平均八十五歳、男性でも八十歳とか聞いてゐますから、その頭で平安時代のこととは考へずに、早すぎだと言ふのかもしれません。縄文時代の人の平均寿命は三十歳と推定されてゐますが、それに比べたら平安時代の人の平均寿命は、少くとも十年や十五年は延びてゐたのでせう。四十の賀は決して早すぎることはなかつたのです。「わがきみは」の歌はかうした背景を持ちながら、「賀の歌」といふ題のもとに置かれてゐます。四十から始まる十年きざみの賀の歌は、八代集すなはち平安前期の『古今集』から鎌倉時代初頭の『新古今和歌集』に到る八編の主要な歌集にもしばしば現れ、それに続く鎌倉時代の歌集にも現れて、親しい人々が賀の歌を詠んで長寿を祝福してゐます。そこには、君がよは、君がよに、君がよの、君がよを、などの表現が幾つも見えてゐるのです。

かうして、「ちよにやちよに」のよの意味が4でも5でもなくて3であることがわかりますし、第一句が「きみがよは」に変つた場合のよの意味も、4でも5でもなくて2であることがわかるのです。

ここまでのところで、「ちよ」の意味が千年であることを知りましたね。そこで次の「やちよ」はと言へば八千《やちよ》年です。しかし、どうして千年のあとが二千年ではなくて、いきなり八千年になるのか。どうして四千《よちよ》年でもなく六千《むちよ》年でもないのか。結論から申しますと、八《や》（はちは漢語）が日本人の聖数であつたからです。比較神話学といふ学問によれば、世界のそれぞれの民族が遠い祖先から語り伝へてきた神話、伝説において、特定の神聖視した数を聖数と呼びます。それを豊富であること、多数であることの意味にも用ゐるやうになりました。日本民族の聖数が八《や》であつたことは、『古事記』が伝へる神話、伝説に八が最も多用されてゐることから知られるのです。ここには『古事記』の上巻からその用例多数を拾つておきます。

八尋殿（やひろどの）、大八島国（おほやしまぐに）、八神（やはしらのかみ）、八拳須（やつかひげ）、八尺勾璁（やさかのまがたま）、八百万神（やほよろづのかみ）、八尺鏡（やたのかがみ）、八稚女（やをとめ）、八俣遠呂智（やまたのをろち）、八頭、八尾（やかしら、やを）、谿八谷、峡八尾（たにやたに、をやを）、八塩折酒（やしほをりのさけ）、八門（やかど）、八佐受岐（やさずき）、八雲（やくも）、八重垣（やへがき）、八千矛神（やちほこのかみ）、八十神（やそかみ）、八年（やとせ）、日八日夜八夜（ひやかよやよ）、櫛八玉神（くしやたまのかみ）、八十毘良迦（やそびらか）、天之八衢（あめのやちまた）、八重多那雲（やへのたなぐも）

八の十倍八十《やそ》、八の百倍八百《やほ》、八の千倍八千《やち》も聖数になり、やちよは厳密に八千年といふ年月ではなくて、かぞへ切れないほどの長い年月といふ意味に用ゐられてゐます。この聖数については、日本古典文学大系『日本書紀』上、五五一ページを参照してください。

かうして「わがきみは　ちよにやちよに」の部分は「あなたの寿命は千年も何千年も」とい

ふ意味になります。次に「さざれいしの　いはほとなりて」のところはどうなるか。さざれいしは小石、こまかな石ですね。それが磐《いはほ》、大石となるのです。その意味を考へてみませう。ここを「岩音鳴りて」と受取つて土石流のやうな意味だと思つてゐる人もありますが、それは古典和歌を現代かなづかひで表記することから生じた誤解です。いはほのほは、稲の穂、筆の穂、船の帆、火《ほ》の穂《ほ》（炎）、波の穂（波がしら）などのやうに、上の方へ向つて鋭く伸びてゐる姿を示します。すなはち岩ほは見上げるやうな大岩を意味することになります。そこで「さざれいしの　いはほとなりて」とは、小石が大岩になることを言つてゐるのです。それを現代世俗の常識だけで解釈して、そんなことはあり得ない、をかしな表現だよと言ふ人もあります。しかし、それは考へられないほどの遠い未来までのはるかな時をかけて、小石が大岩に生長してゆくといふ古代人の思考、伝説に基づいてゐて、少しもをかしな表現ではなかつたのです。しかも、その大岩が、また長い時をかけて苔に覆はれてゆくのです。そのやうな大岩の姿は、人知を超えた神秘的な存在として、古代人が恐れ敬ふ対象でした。そのことを物語る歌が『万葉集』に残つてゐます。

奥山の岩に苔生《む》し恐《かしこ》くも問ひたまふかも思ひあへなくに　（巻六、九六二）

奥山の岩に苔生し恐けど思ふ心をいかにかもせむ　（巻七、一三三四）

石もまた生長するといふ石生長伝説を、わたくしどもの祖先は残してくれました。この二首の歌は二句までが序詞で、それが第三句を導き、苔生した奥山の岩を恐れ多いものとした人々の思ひをよく伝へてゐます。

石を神の依代《よりしろ》として神聖視したり、生長する力をもつ霊異あるものとしたり、終始しめりけのある生石と考えて崇拝する民俗がある。こけのついた巨石は、古代人の意識では、そうした畏怖の対象だった。（日本古典文学大系『萬葉集』二、一五四ページ頭注）

すでに西村真次『萬葉集伝説歌謡の研究』（昭和十八年、第一書房）にも解説が見えてゐます。石を産む伝説としては、たとへば、平安前期八二二年ごろの成立とされる『日本霊異記』下巻の第三十一話に、美濃国方県郡の水野郷楠見村に住むある女が、未婚のままに懐妊して、三年後に二つの奇異な石を産んで、その石は年ごとに増長した、といふ伝説が見えてゐます。石が生れるといふ話は、その石が生長するといふ話につながります。野本寛一の解説「石生長伝説」（『日本神話伝説総覧』所載、一九九三）によれば、菅江真澄《すがえますみ》（一七五四〜一八二九）の『月の出羽路』に出生石《をがりいし》といふ大岩の説明として「比巖、としとし高く生ひ昇るといへり」とあり、また『遠江風土記伝』における石神大神の説明には「富士石一個を斎《いっ》く、年を追ひて増長す」と見えてゐます。かうして、小石が巨岩に生長するまでの長い時間を思ひ、その巨岩に神性の存在を思つたのです。いまも、三重県熊野市七里御浜《しちりみはま》にある花の窟《はないはや》神社の御神体は、高さ四十五メートルの巨岩であり、毎年二月と十月には壮大な花の祭典が催されてゐるといふことです。

この「きみがよは」の歌において、「きみ」と呼んでゐる人の長寿を祈る表現の中に、日本民族の聖数「八《や》」の影が映り、生長して苔むした大岩の神秘な姿に、自然物を畏敬する古代人のゆたかな心情が宿つてゐます。この人知をも時間をも超越したやうな心情こそ、現代人がほとんど忘れかけてゐる心情であり、しかも、忘れてはならない心情であらうと思ふのです。

君が代の歌（2）

さて「君が代は」の歌の第二句「千代に八千代に」以下の意味は、ここまでの説明によつておわかりになつたと思ひます。そこでいよいよ残る第一句「君が代は」の意味について考へるところにたどり着きました。それは助詞「が」のはたらき、「の」のはたらきについて考へることであり、また「てにをは」の話の続きにもなることです。

この「わがきみ」にしても「きみがよ」にしても、その構造は「名詞・が・名詞」といふ形になつてゐます。言ひかへれば、名詞すなはち体言と体言とをがつなぐ形になつてゐるのです。このやうに二つの体言をつなぐ助詞が、を連体助詞と呼びます。本来の日本語においては、連体助詞には「つ」（たとへば天《あま》つ風）、「な」（たとえば手《た》な末《すゑ》、手先のこと）もありましたが、この二語はすでに奈良時代におとろへて、現代語に残る例は「目《ま》つ毛《げ》」「海《わた》つ霊《み》」「目《ま》な子《こ》」（黒目、瞳孔の意）「水《み》な門《と》」「手《た》な心《ごころ》」（掌の意）など、ほんのわづかになつてゐます。この「が」といふ助詞はもともと連体助詞として発達し、古代語以来の活躍を見せてゐたのですが、それが次第に主語を示す格助詞に展開し、さらには逆接を意味する接続助詞にも展開してゆきました。しかし、連体助詞という本来のはたらきは、室町時代を限りとして次第におとろへ、現代語には前記の「わが家」「わが身」のやうな例を残すのみとなりました。かうして連体助詞の世界を「の」が独占するやうになり、現代語にその大活躍を見ることになりました。さうすると、「てにをは」全体の世界において「の」と「が」とが共にはたらいてゐた室町時代までの時代の中に、問題の「きみがよは」の歌があつたことになり、そこになぜ「の」がはたらいて「きみのよは」とならなかつたのか、その理由を考へてみなければなりません。「の」と「が」の意味が同じであつたので、あるいは非常によく似てゐたので、「きみがよは」の歌にたまたま、偶然に「が」が用ゐられたにすぎないのか、それとも、「の」と「が」の意味が違つてゐて、それで「きみがよは」の歌に「の」ではなくて「が」を用ゐるべき理由があつたのか、といふことを考へてみなければならないのです。そこで『宇治拾遺物語』（鎌倉時代初期、一二二〇年ごろ成立）の一節を紹介してみませう。

播磨守為家侍《はりまのかみためいへのさぶらひ》　さたの事（巻七ノ二）

いまとなつては昔のこと、播磨守為家といふ人がゐて、その人の家来に佐太《さた》といふ通り名を持つ男がゐました。一方、その播磨の、ある郡役所の長官（郡司）の家に、都からさすらつてきて養はれる美女がゐました。佐太はその女に逢ひたくて、主君播磨守をだまして用事を作り、郡司の家に出かけました。その女と深い仲になることを期待したのですが、まづは関係の糸口をつけようとして、着てゐた粗末な衣服を衝立《ついたて》のあちら側にゐる女に投げました。その衣服にはほころびがあつて、佐太はこのほころびを縫つて返してくれと言つたのです。ところが、女がそれをすぐに投げ返してきたので、佐太は仕事が早い女だと喜んで、手にとつて見ると、ほころびを縫はないままに、そこには歌を書いた紙が結びつけてありました。

われが身は竹の林にあらねどもさたがころもをぬぎかくるかな

わたしの身は竹の林ではありませんのに、佐太が薩陲太子《さたいし》様を気どつて、衣を脱いで懸けます。失礼な人ね。釈迦如来が前生において薩陲太子と呼ばれてゐたころ、餓ゑた虎を救ふために衣を脱いで裸になり、その衣を竹の林に懸けたといふ説話（釈迦本生譚）が『金光明経《こんこうみようきよう》』の捨《しや》身品《しんほん》や『三宝絵詞《ゑことば》』などにあつて、それがひろく知られてゐたとされます。古くは法隆寺の玉《たま》蟲厨子《むしのづし》にも、この捨身飼虎図が描かれてゐますね。女はこれを踏まへながら薩陲に佐太を重ねたのです。このみごとな即興の歌を読んで、佐太はその女の教養に感心するどころか、大いに腹を立て、「さたの」と言ふべきところを「さたが」と言ふとは不届至極として、女をも郡司をも罵倒するのでした。その歌から先の原文と訳文とを掲げておきます。

……ぬぎかくるかな、と書きたるをみて、あはれなりと思ひしらん事こそかなしからめ、見るままに大に腹をたてて、目つぶれたる女人かな、ほころび縫ひにやりたれば、ほころびのたえたる所をば、見だにえ見つけずして、さたのとこそいふべきに、かけまくもかしこき守殿《かうのとの》だにも、またこそここらの年月比《ごろ》、まだしか召さね、なぞ、わ女め、さたがといふべき事か。（以下略）

……ぬぎかくるかな、と書いてあるのを見て、なかなか結構な歌だと理解してこそ優雅なことであらうに、佐太は見るなり激怒して、あれは何もわかつてゐない女だ、ほころびを縫はせようと思つて渡したところ、そのほころびを見つけることもできずに、その上、佐太のと表現すべきであるのに、口に出して言ふことも恐れ多い御身分の播磨守様でさへ、わたしのことを佐太がとは仰せにならぬ年月であるものを、どうして、くされ女め、わた

しを佐太がと言つてよいものか。（以下略）

佐太はこの「われが身は」の歌において、助詞の用法に誤りがあり、それによつて侮辱を受けたと主張しました。どうしてさうなるのか。佐太がこれほどに怒つたのは、やはり理由があることでした。それは、連体助詞にしても格助詞にしても、対人関係、他人との間柄において、「の」には尊敬とか敬避とか疎遠とかの感情を示すはたらきがあり、これをひらたく言へば、

あらたまつて敬ふ気持
ちよつとけむたい気持
なにか遠慮されるやうな気持

などを示しました。一方の「が」には、他人との間柄において、親愛とか軽蔑とか嫌悪とかの感情を示すはたらきがあり、これをひらたく言へば、

くだけた親しみを感じる気持
相手を軽く見るやうな気持
相手をいやだと思ふ気持

などを示すはたらきがあるからでした。佐太は下級の役人、郡司の家に養はれてゐる女から、上級の役所の長官、国司の身近にある者として、うやまふ気持を示されて当然だと思つてゐた

ところ、軽く見られたと感じて腹を立てたのです。助詞一つの使ひ方の違ひが、こんなにも事態を大きく変へてゐました。

ポルトガルから来日した宣教師ロドリゲス（一五六一〜一六三三）は、日本語に精通して日本文典を著《あらは》し、また、スペインから来日した（一六一九）宣教師コリヤードも、日本語に精通して日本文典を著しました。このやうな貴重な書物にも、「の」と「が」の使ひ方に明瞭な違ひがあることを指摘してゐます。

ここに到つて、いはゆる「君が代」の歌の本当の意味が明らかになつたはずです。それは親しい人の四十歳のお祝ひの席、親しい人の五十歳のお祝ひの席などで詠まれた歌、その人の長寿を祝ひ、一層の長寿を祈る歌だつたのです。現代では長寿が必ずしも幸福であるとは限らなくなりましたが、寿命が短い時代にあつては、長寿はほとんど幸福と同じことだつたわけで、「君が代」の歌は、親しい人の幸福を祈る、好意がこもる賀歌でした。『古今和歌集』巻七の賀歌には、在原滋春《しげはる》（有名な在原業平《なりひら》の次男）が詠んだ歌もあり、その詞書《ことばがき》（題）に「藤原三善が六十賀《むそぢのが》によみける」と書いてあります。これによつて、滋春が親しい友の還暦を祝つた歌であることがわかるのです。「三善の」ではなくて「三善が」であることに注意してください。

もし「君が代」の「君」が天皇をさすのでしたら、必ず「君の代」と表現されたはずです。

現代の社会で「君が代」の歌をめぐつて議論するときは、この歌の本当の意味を出発点としなければなりません。作者の意図、作者の心情を勝手にゆがめることは、どうしても許されないことです。

あなたの寿命が千年も何千年も、小さな石が生長して大きな岩となり、さらにその大岩が苔に覆《おほ》はれるやうになるまで、末長く続きますことを（わたしはこの佳《よ》き日にお祈りします。）

「君が代」の歌の虚像に踊らされて実像を見ようとする眼を失ひ、多数の人々が久しく不毛の議論を続けてきたやうですが、その最大の原因は、この歌の本当の意味を知らなかつたことにありますね。皆さんはどのやうにお考へになりますか。

万葉仮名について（1）

日本語の泉に一歩でも二歩でも近づかうとして、主として古典語の世界、その周辺などを、あちらこちらと眺めてきました。そこで、いよいよここからは、現在までに知られてゐる最も古い道をたどらなければなりますまい。この野中古道こそが、奈良時代までの日本語を記録した古代の文献、『古事記』『日本書紀』『万葉集』などのなかに、ほそぼそと、しかし確かに通つてゐると思ひます。そんな古い道は、草に隠れて見えにくいと思はれるかもしれません。それでも、その細道に皆さんを御案内することが、この文章を書いてゐるわたくしの務めであらうと思つてゐます。

古代の日本には個有の文字がなく、みづからの言語を自由に書きあらはすことができませんでした。この文字のない日本列島の地理的環境は、古代中国において高度に発達した漢字文化が波及するはずの圏内にあり、その漢字文化と接触することによつて、はじめて文字の使用に目ざめたのです。然るに、漢字は日本語とは系統を異にする中国語（Chinese）を書きあらはすための文字でありましたので、それを用ゐて日本語を書きあらはすことは、第一歩においてすでに大きな困難がありました。そこに活路をひらいた最初の用法は、漢字をその意味を考へずに表音文字として用ゐる方法であり、漢字一字によつて日本語の一音節を書きあらはしたのです。この方法は古代中国の史書において、外国の人名、地名、官名などを書きあらはすときに用ゐられました。たとへば、あの有名な三国志の『魏書』東夷伝の倭人の項に、人名として卑弥呼《ひみこ》、地名として一支《いき》、官名として卑奴母離《ひなもり》など、約五十語が見え、三世紀における日本語（倭人語）の一端が記録されてゐます。また、朝鮮の古代の文献においても、主として助詞、助動詞に相当する朝鮮語、漢文に施した送り仮名に相当する朝鮮語など（吏読《りとう》、吐《と》）を書きあらはすときに用ゐられてゐましたので、日本においても漢字によつて日本語を書きあらはさうとするにあたつては、かうした外国の文献における表記法からの影響がなかつたとも考へられず、むしろ深い関連があつたかと想定されるのです。古代における識字階層の中核が、大陸や半島から渡つてきた人たち、いはゆる渡来人によつて占められてゐたことを考へるならば、右のやうな影響関係を否定することは、むしろ困難であらうと思はれます。

万葉仮名について（2）

漢字は一字が一音節であり、その一音節は多くは頭子音と韻とから成つてゐます。単純化してローマ字で書きますと、まづ韻尾（韻の末尾の部分）に鼻音（m・n・ng）、入声《につしよう》（p・t・k）などが無い漢字は、加《か》、伎《き》、久《く》、麻《ま》、美《み》、牟《む》などのやうに、そのまま一字一音の仮名として用ゐました。これに対して、韻尾に鼻音、入声などがある漢字をも、日本語を表音的に書きあらはす文字として消化し、あるいは韻尾を省いて、天《て》、等《と》、得《と》、吉《き》、必《ひ》などのやうに、一字一音の仮名として用ゐましたし、あるいは韻尾に母音を加へて、

去別南（ゆきわかれなむ　nam-u)
獨鴨念（ひとりかもねむ　nem-u)
難波（なには　nan-i)

散頬相（さにづらふ　san-i）
當麻（たぎま　tang-i）
相模（さがむ　sang-a）
絶塔（たゆたふ　tap＞taF-u）
鬱膽（うつせみ　ut-u, sem-i）
筑紫（つくし　tuk-u）

などのやうに、一字二音の仮名として用ゐました。右はいづれも中国語における漢字の字音によつて日本語を書きあらはす方法であつて、ここに用ゐられる漢字を字音仮名または音仮名と言ひます。

このやうな表音式表記法が発達してゆくうちに、漢字とそれに対応する日本語の單語との意味的な結合関係もまた徐々に発達して、漢字に対する和訓（日本語としての読み方）がほぼ固定的となり、訓読に安定性がもたらされるに及んで、その訓読を表音的に用ゐることも行はれました。

たとへば、形容詞「なつかし」を書きあらはすときに、名津蚊為《なつかし》、夏借《なつかし》、夏樫《なつかし》、名付思吉《なつかしき》、奈津炊《なつかしき》、名束敷《なつかしき》、名著來《なつかしき》、名付染《なつかしみ》、などとし、形容詞「めづらし」を書きあらはすときに、目《め》頬布《づらしき》、目頬敷《めづらしき》、目列敷《めづらしき》、目頬染《めづらしみ》、などとし、動詞、助詞、助動詞などを書きあらはすときにも、嘆《なげき》鶴鴨《つるかも》、吾社《われこそ》湯亀《ゆかめ》、留目六《とどめむ》、雲西裳《くもにしも》などとする、多数の用例を見ることができます。

かうした用法における漢字を字訓仮名または訓仮名と言ふのでありまして、それには右の例のやうに一字が一音節を示す場合も二音節を示す場合もありました。なほ、このほかに訓仮名における技巧的な用字法、すなはち、本来の字の意味によらず、同音といふ関係から連想して他の語にあてはめる特殊な用字法がありました。これは戯書とか連想訓とか呼ばれる用字法です。たとへば、十六《しし》自物《じもの》（鹿猪じもの）、八十一《くく》里《り》喚鶏《つつ》（括りつつ）、追馬《そ》喚犬《ま》（杣）、言《いひ》義《て》之《し》（手師《てし》、書の大家王羲之）鬼乎《ものを》、などの例があります。前述の音仮名においても、字義（文字の意味）を意識した特殊な用字法として、夜麻河伯《やまがは》（山川、河伯は川に住む神霊）、為便《すべ》（術、手段、便法）などの例があります。

以上のやうに、本来の意味とは無関係に、日本語を書きあらはすために、その字音や字訓によつて表音的に用ゐた漢字を万葉仮名と言ひます。この万葉仮名は『万葉集』においてのみ用ゐられるのではなく、五世紀の金石文《きんせきぶん》（金属や石に刻まれた文章、金銅佛の銘文や石碑など）をはじめ、推古期遺文（後述）、『古事記』『日本書紀』『風土記』『続日本紀』など、さらには古訓点、古辞書類、『日本霊異記』『新撰万葉集』など、平安時代にかけてもひろく用ゐられたのですが、『万葉集』における用法が最も多彩であり豊富であるところから、この万葉仮名といふ名で呼ばれてゐるのです。

かうして万葉仮名は長い年月にわたつて用ゐられましたので、漢字音における時間的な差異（上古音と中古音）、空間的な差異（南方音と北方音）をも反映してゐて、注意すべきことです。それは、ここに掲げる万葉仮名類別表にも端的に現れてゐます。すなはち、『古事記』および『万葉集』に用ゐられる漢字音が南方呉音系漢字音であるのに対して、国家の正史としての『日本書紀』に用ゐられる漢字音は北方漢音系漢字音であつたことです。これについては、前述の「音と訓」を参照してください。また、『万葉集』においては、音仮名専用の文字、訓仮名専用の文字、音訓いづれにも用ゐる文字が混在してゐますが、その音訓いづれにも用ゐる文字にしても、それを音仮名か訓仮名か、どちらか一方にのみ用ゐようとする傾向が強く、筆録者が漢字の音訓に鋭い意識を持つてゐたことを知るのです。この万葉仮名から片仮名や平仮名が生れました。それについては前述の「片仮名と平仮名」を参照してください。

さて、この万葉仮名を精細に研究した結果として、上代特殊仮名遣と呼ばれる重大な事実が解明されました。ここに万葉仮名類別表および古代語における動詞の活用表を掲げ、次項「上代特殊仮名遣」の話に移ります。

万葉仮名類別表

（・印以下は訓仮名です）

音	節	古事記・万葉集	日本書紀
き	甲	支伎岐妓吉枳棄企・寸來杵	岐吉枳棄企耆祇祁
ぎ	甲	伎祇藝岐	伎儀蟻藝嶠
き	乙	奇寄綺忌紀貴幾・木城	奇己紀氣幾機基規既
ぎ	乙	疑宜義	疑擬
け	甲	家計奚谿鶏雞價祁結兼險監・異來	家計鶏雞祁啓稽
げ	甲	下牙雅夏	霓
け	乙	氣既・毛消飼	氣居戒開階愷凱慨概該
げ	乙	氣宜礙・毛削	皚礙导
こ	甲	古故枯姑祜高庫侯孤・粉	古固故姑胡孤顧
ご	甲	吾呉胡後虞・籠兒	吾悟呉娯誤
こ	乙	己忌巨去居許虚興・木	去居莒許渠據虚擧
ご	乙	其期碁凝	語御馭
そ	甲	蘇素宗祖・十	蘇素泝
ぞ	甲	俗	
そ	乙	曾僧増憎則所・衣苑背	曾層贈所則諸賊

ぞ	乙	序賊敍	序敍茹鋤鐏
と	甲	刀斗土・礪速戸利	刀斗杜塗妬都覩屠徒度渡圖
ど	甲	土度渡	如怒
と	乙	等登澄得・十止鳥常迹跡	等登鐙鄧苔騰縢
ど	乙	抒杼特藤騰	迺耐
の	甲	努怒弩	奴努怒弩
の	乙	乃能・笑篦	能迺
ひ	甲	比必卑賓嬪臂・日氷負飯檜	比毗必卑避臂譬
び	甲	妣毗婢鼻	弭彌寐鼻
ひ	乙	非悲斐肥飛・火	悲彼被祕妃
び	乙	備肥飛・乾	備眉媚縻
へ	甲	敝弊幣平辨反返遍邊陛覇・重部隔	幣弊蔽陛覇鞞鼙
べ	甲	辨便別辨・部	謎
へ	乙	倍陪閇閉拜・經瓶戸	倍陪俳沛杯背閇珮
べ	乙	倍	每
み	甲	彌民美・三見御	彌瀰美弭寐湄
み	乙	未味尾微・身箕	未微

め甲	賣咩馬面・女	賣咩迷謎綿
め乙	米迷昧梅浼・目眼	迷妹昧毎梅
も甲	毛 母毛勿物方文目忘茂望	母毛茂望梅謀謨暮慕墓悶莽
も乙	母 門問聞畝蒙・藻哭喪裳	
よ甲	用容欲・夜	用庸遙
よ乙	余餘与豫・代世吉四	余餘与譽預豫
ろ甲	絡漏盧樓	露漏盧樓魯
ろ乙	里呂侶	呂慮廬稜
えア行	亜衣依愛・榎荏	愛哀埃
えヤ行	曳延叡要遙・兄江吉枝柄	曳延叡
ゐワ行	韋位爲謂・井猪藍藺	韋偉位爲委萎威謂
ゑワ行	惠廻・咲畫	惠廻衞隈穢慧
をワ行	乎呼袁遠怨越・少叩男緒雄	乎弘烏鳴塢惋

（なほ、『日本書紀』が「迷《め》」を甲類にも乙類にも用ゐてゐることについては、大野晋『上代仮名遣の研究』二二一～二二五ページを参照してください）

動詞の活用（第一表）

活用＼活用形	未然形	連用形	終止形	連体形	已然形	命令形
四段活用（カ・ハ・マ行）	ア列 [a]	イ列甲 [i]			エ列乙 [ë]	エ列甲 [e]
下二段活用（カ・ハ・マ行）	エ列乙 [ë]	エ列乙 [ë]				エ列乙 [ë]
上二段活用（カ・ハ・マ行）	イ列乙 [ï]	イ列乙 [ï]				イ列乙 [ï]
上一段活用（カ・マ行）	イ列甲 [i]	イ列甲 [i]	イ列甲 [i]	イ列甲 [i]	イ列甲 [i]	イ列甲 [i]

動詞の活用（第二表）

活用＼活用形	未然形	連用形	終止形	連体形	已然形	命令形
カ行変格活用（カ行三段活用）	コ乙 [kö]	キ甲 [ki]	ク	クル	クレ	コ乙 [kö]

サ行変格活用（サ行三段活用）	ソ乙 ［sö］	シ 甲類相当	ス	スル	スレ	ソ乙 ［sö］
ナ行変格活用	ナ	ニ	ヌ	ヌル	ヌレ	ネ
ラ行変格活用	ラ	リ	リ	ル	レ	レ

上代特殊仮名遣の発見

上代の文献、『万葉集』をはじめとする『古事記』『日本書紀』などの文献において、万葉仮名を用ゐて日本語を書きあらはすときに、そこには平安時代以後には見られない独特の表記法がありました。それはその表記に音韻上の書き分けがあつたことです。具体的に申しますと、たとへば「君《きみ》」とか「着《き》る」とかを万葉仮名で書くときに、その「き」には甲類と呼ばれる文字が用ゐられ、これに対して、たとへば、「木《き》」とか「霧《きり》」とかを万葉仮名で書くときには、その「き」には乙類と呼ばれる文字が用ゐられました。さうしてこの二つの類は混同されることがなく、明瞭に書き分けられてゐました。「君」の「き」に乙類の文字が用ゐられたり、「霧」の「き」に甲類の文字が用ゐられたりすることはなかつたのです。それはたとへば、可毛《かも》（鴨）と久毛《くも》（雲）において、「か」と「く」とが混同されることなく、明瞭に書き分けられてゐたことと同様の、音韻上の書き分けであつたのです。このやうな音韻上の書き分けは、どのやうな範囲に見られるのか。ここで五十音図を思ひ出してください。

その五十音図の上から二つ目の横の並びを見ますと、それは「い」から始まつて「ゐ」で終りますが、最初の「い」を代表としてイ列またはイ段と言ひます。このイ段音に含まれるキ、ヒ、ミの三音が、前述のやうに甲乙の二類に分れてゐます。また下から二つ目の横の並びを見ますと、それは「え」から始まつて「ゑ」で終りますが、最初の「え」を代表としてエ列またはエ段と言ひます。このエ段音に含まれるケ、ヘ、メの三音が甲乙の二類に分れてゐます。一番下は「お」から始まつて「を」で終るオ列（オ段）ですね。ここではコ、ソ、ト、ノ、モ、ヨ、ロの七音が甲乙の二類に分れてゐますので、イ段の三音、エ段の三音と合はせて、全部で十三の音が、それぞれ語によつて甲乙二類に書き分けられてゐたことになります。このうち、濁音がある音、ギ、ビ、ゲ、ベ、ゴ、ゾ、ドの七音にも、甲乙二類の書き分けがありました。

かうして清音十三音、濁音七音、合計二十音に及んで存在した二類の書き分けが、現代日本語に存在しないことは言ふまでもなく、すでに平安時代中期には、この書き分けは完全に消滅してゐました。そこで、後世の日本人は、自分たちの言葉が遠い昔に持つてゐた驚くべき特色に気づくこともないままに、江戸時代後期を迎へてゐたのです。この上代の文献における書き分けといふ事実に初めて気づいた人は、碩学本居宣長《もとをりのりなが》（一七三〇～一八〇一）でした。宣長の慧眼はこの事実を見逃さず、その大作『古事記伝』の総論のなかでこの事実を指摘して、数々の実例を示しました。さらにまた、この書き分けが『古事記』だけではなく、『日本書紀』や『万葉集』にも見られるやうであること、自分が初めて気づいたこの事実が、古語を解釈するときにしばしば有力な手がかりになること、などを述べました。これはまことに優れた画期的な着眼であり、古代語の研究史上にいまなほ不滅の輝きを放つてゐるのですが、宣長自身はこの問題を深く追究しないままに世を去るのです。宣長の門人石塚龍麿《いしづかたつまろ》は、師の説に基づいて上代の文献を詳しく研究し、その成果を『仮字遣《かなづかひ》奥山路《おくのやまみち》』三巻（寛政十年、一七九八）にまとめました。そこではア行のエとヤ行のエの区別を明らかにし、『古事記』におけるモの書き分けを明示するなどの長所を見せましたが、一方ではノの書き分けをヌの書き分けと誤認し、『古事記』ではチにも書き分けがあるとするなどの短所も含まれてゐました。この龍麿の研究もまた画期的な業績であり、大筋においてはいまなほ不滅の労作なのですが、古代日本語における中央語（近畿地方の日本語）と東国方言（静岡県浜名湖のあたりから東の日本語）とを等質の資料として扱つた結果、多数の例外が生じることになり、それが災ひしたのか、真価を知られないままに世に埋れてゐました。

二十世紀に入り、古代日本語の研究を進めてゐた橋本進吉（一八八二〜一九四五）は、その研究の途上で龍麿の業績を発掘し、それを学界に報告して、周到な批評解説を加へました。かうして龍麿の業績は百余年の後に知己を得たのです。これは、真に優れた研究が持つてゐる宿命的な一面であつたのかもしれません。その後に発表された橋本進吉の研究が、この書き分けを音韻の差異によるとするに及んで、古代日本語の研究には新時代が到来したのでした。

上代特殊仮名遣と橋本進吉

すでに本居宣長が示した文字の書き分けとは、たとへば、彦《ひこ》とか姫《ひめ》とか言ふときのヒ、問《とひ》のヒなどには、比、必、譬などが用ゐられるのに対して、火のヒ、恋《こひ》のヒなどには、肥、費、悲などが用ゐられ、子のコ、恋のコなどには、古、孤、固などが用ゐられ、これに対して、心のコ、こそ（助詞）のコなどには、許、己、虚などが用ゐられることを指します。かうした書き分けに用ゐられる文字は、もとよりすべて漢字なのですから、古代日本人がそれを輸入して、日本語を書きあらはすためのかな、として用ゐた時代の漢字音と、その書き分けといふ事実とは、密接に関係してゐたはずです。そのことを解明するためには、漢字の中古音の研究、隋、唐を中心とする時代の音韻体系を知ることが必要でした。前述のやうに、漢字は一字が一音節であり、その一音節は多くは頭子音と韻とに分けられます。その韻の種類には、時間的空間的な差異もあるわけですが、隋の初頭

（六〇一）に成つた『切韻《せついん》』の姿を伝へる『廣韻』においては、二百もの韻目（韻の種類）を設けてゐます。前述の十三の音における書き分けは、この漢字音における韻の区別に対応してゐました。そこで、古代日本の文献における二類の書き分けは、母音の差によることになります。ここにおいて、二類の書き分けが見られるイ列、エ列およびオ列には、それぞれ二類の母音があつたことになり、それにア列およびウ列の母音を加へて、古代日本語における八母音の存在が論証されたのです。これに対しては異論も出てゐますが、八母音説はまだ動揺してゐないと考へておきます。

さて、この八母音は、それが発音されるときに、口の中で舌がどの位置にあるかを基準として、左記のやうに三種に分類されます。

奥舌（後舌）母音　u、o、a

中舌母音　ï、ë、ö

前舌母音　i、e

中舌母音の音価《おんか》（実際の発音）については、まだ確定的ではありませんが、三種に分れてゐること自体はまづ確定的であると考へられてゐます。この八母音相互の間には、結合に関する法則、交替に関する法則、連続に関する法則など、さまざまな、整然とした法則がありました。

なかでも、結合に関する法則は特に重要です。それがアジア大陸にひろく分布するアルタイ語族（トルコ語族、モンゴル語族、ツングース語族から成る）との間の、注目すべき共通点であることを示してゐたからです。その具体例は、またのちほど紹介させていただきます。日本語とアルタイ語族との比較研究は、すでに百年を越える歴史を経て現在（たとへば福田昆之『日本語とツングース語』一九八八、改版一九八九）に及んでゐるのですが、日本語がどの系統に属する言語であるかといふことは、いまだに明らかではありません。しかし、上代特殊仮名遣の研究は、この大問題にも影を投げかけ、日本語の起源、日本語の系統論にまでかかはってくるのでした。遠いはるかな古代の日本語は遠いはるかなアジア大陸のアルタイ語族、なかでもそのツングース語族と親族関係にあるといふ蓋然性を無しとはしないのです。

右に述べてきた二類の書き分けを、橋本進吉による命名に基づいて上代特殊仮名遣と呼びならはし、二類の名も同様に一方を甲類、他方を乙類と呼びならはします。前掲の例について言へば、比、必、譬の類がヒ甲類、肥、費、悲の類がヒ乙類です。橋本進吉によって開拓された上代特殊仮名遣の研究は、その後も進展を重ね、日本語の音韻の歴史、上代の語法、語の意味、文献批判などの研究領域に驚くべき影響と成果とをもたらしたのです。ここに橋本進吉の多数の業績から三点を挙げておきます。

1　国語仮名遣研究史上の一発見（大正六年、一九一七、日本古典全集『仮名遣奥山路』、『文字及び仮名遣の研究』所収）

2　上代の文献に存する特殊の仮名遣と当時の語法（昭和六年、一九三一、『文字及び仮名遣の研究』所収）

3　古代国語の音韻に就いて（昭和十二年、一九三七、『国語音韻の研究』所収）

かうした研究は、古代日本語研究史の上に新しい時代が到来したことを告げてゐました。橋本進吉の業績にどのやうな大きく深い意義があるかは、『文字及び仮名遣の研究』の巻末に載せられた大野晋の解説に詳しいのですが、端的に言へば、語によつて用ゐられる仮名が整然と二類に分れてゐること、その二類の違ひは母音の差によること、その書き分けが前掲の清音十三、濁音七のすべてに見られることなどを明らかにし、この事実に基づいて古代日本語の研究を大きく進展させたことです。

万葉仮名によつて表記されたわが古代の文献が、強大な漢字文化圏において生れ出たものであること、また、そこにこのやうな重大な事実が含まれてゐたことは、古代日本語について考へたり解釈したりするときに、決して忘れてはならないことです。特殊仮名遣の甲乙二類が種類を異にする音韻であるといふ認識を決して失つてはならないのです。橋本進吉によつて開拓された上代特殊仮名遣に関する研究、それを応用した研究は、その後も鮮やかな展開を示しました。橋本進吉の代表的な後継者大野晋の業績多数の中から三点を掲げておさます。

1　『上代仮名遣の研究』（一九五三、岩波書店）

2　「上代語の訓詁と上代特殊仮名遣」（『萬葉集大成』第三巻、一九五四、平凡社）

3　「萬葉時代の音韻」（『萬葉集大成』第六巻、一九五五、平凡社）

かうした数々の業績は、上代特殊仮名遣が古代語研究のいろいろな部門に、ひろく大きな影響を及ぼすものであることを明らかにしたのであつて、本居宣長の直観が正しかつたことをも証明する結果となりました。

上代特殊仮名遣の光彩

ここですこし横道に外れて、橋本進吉『古代国語の音韻に就いて』とわたくしとの出合ひについて述べようと思ひます。

すでに半世紀に余るむかしのことになりましたが、あの忌まはしい太平洋戦争が終つたころは、わたくしども国民はその日その日の衣食住にも事欠いて、敗戦の悲哀に浸されてゐました。政治経済はもとより、教育や言語に至るまで、社会のさまざまな面に混乱動揺が甚しく、人々は生活の苦しさに喘ぎ、自分たちをその苦しい生活に追ひ込んだものを呪ふやうになりました。

その余裕のない心情は、敗戦に至るまでの旧体制に少しでも縁のあるものを極度に忌み却《しりぞ》けるあまり、継承すべき伝統的な文化遺産をさへ捨てて顧みなかつたのです。

当時、旧制高等学校の生徒であつたわたくしは、かうした風潮に対して疑念を抱いてゐました。……長い歴史を経て磨かれた日本文化は、一度の敗戦によつて雲散霧消してしまふほどに脆弱低劣なものではあるまい。そこには継承すべき幾多の文化遺産があるはずなのだ。ことに、優れた言語文化、古典文学の光彩を、貴重なものとして守るべきであらう。それが流れ出てきた水源の泉を見たい。その水源はどんな姿をしてゐたのであらうか。……かうして、わたくしの若い心は、古代の文学に大きく傾くやうになりましたし、またその文学を織り成した古代の日本語にも、大きく傾くやうになりました。

昭和二十二年、わたくしの二十歳の春は、わたくしの生涯において画期的な春でした。すなはち、その四月から先師五味智英の万葉集講義を受けることになりましたし、またその四月に橋本進吉の名著に接することができたのです。ここにおいて、わたくしは自分の一生の方向が万葉集の研究、古代日本語の研究といふ遥かな道にあると思ふやうになりました。

敗戦直後の澁谷の街は、まさに猥雑そのものでした。父母が外地から引揚げてきて、わたくしは目蒲線の沼部にあつた家から通学しましたので、その往き帰りには澁谷を通りました。一杯の雑炊、一杯のビールを求める行列の間を紙屑が舞ひ、浮浪者の悪臭が漂ひ、虚無的な騒音がけばけばしい看板の間を流れてゐました。そのやうな街から壁を隔てて、東横百貨店二階の片隅に書店がありました。わたくしはときどきそこに立ち寄っては書棚を眺め、結局は貧書生にふさはしい小冊子一冊を求めて店を出ることが多かつたのです。それは生活社から出された日本叢書で、昭和二十年末の石田幹之助『長安汲古』が六十銭、昭和二十一年四月の佐佐木信綱『万葉集より』が一円五十銭、同年九月の森本治吉『憶良の悲劇』が二円でした。ある日、昭和二十二年四月十日のこと、わたくしはその書店の棚に、厚さにして一糎にも満たない水色の表紙の本を見つけました。その背文字には、

古代国語の音韻に就て　文学博士　橋本進吉　明世堂　(原本のまま)

とあり、わたくしはほとんど衝動的にそれを買ひ求めてしまひました。幸ひなことに、財布の中には辛うじて定價十三円が入つてゐました。その買ひ求めた場面も、電車の中でそれを読みながら帰つたときの心躍りも、いまなほ忘れがたいのです。

わたくしは学生時代にこの書物を再読三読しました。その論述の態度は平易明快を極めてゐました。長い年月をかけて調査し確認した事実を述べ、その事実にもとづいて問題点を明らかにし、さらにその事実にもとづいて古代語文法の特色を明らかにし、それを『万葉集』の歌の

解釈に応用してゐます。まこと嚴密周到であり、しかも肩肘を張らず、自説を誇示するのでもありません。あくまでも謙虚な、淡々とした語り口に終始してゐました。橋本進吉にはすでに前掲の論文があり、上代特殊仮名遣の研究は、橋本進吉の尨大な業績を代表する分野です。この『古代国語の音韻に就て』は、さうした自己の中心課題について、昭和十二年（一九三七）五月、内務省主催第二回神職講習会において講演したときの速記録にもとづいてゐました。それが昭和十七年六月に日本橋の明世堂から刊行されたのです。わたくしが買ひ求めたのは昭和二十一年十月の刊行分で、わたくしはその粗悪な紙に印刷された一冊によつて、はじめて橋本進吉といふ偉大な学者の名を知りました。

後年に及び、わたくし自身が万葉集や古代国語の研究に従事するやうになり、論文や解説を書いたり、講義や講演をするやうになつて、そこに常に指標として仰いできたものは、この『古代国語の音韻に就て』が示してゐる平易明快でした。むづかしいことをむづかしく表現するのは専門家ならば誰にでもできることです。すぐれた学者によるすぐれた研究の特質は簡明といふことにあるのではないかと思ひます。橋本進吉の『古代国語の音韻に就て』は、日本語に寄せる深い愛情を基盤とした、上代特殊仮名遣研究の精粋とも言ふべく、ひろく学問を愛する人々、国語国文学の研究を志す人々、とくに万葉集や古代日本語の研究を志す人々にとつては、必読の書と言ふべきでせう。戦争が終つて一年も経たないうちに、橋本進吉博士著作集の刊行が企てられ、二十歳のわたくしを感動させた一冊の本は、その第四集『国語音韻の研究』に載るところとなつて、昭和二十五年八月に刊行されました。また、昭和五十五年六月に至り、岩波文庫の一冊に加へられて、ひろく人々の目にも触れるやうになりました。

この一冊は画期的な研究でありながらも、平易な親しさに満ち、日本語の美しい秩序を示し、澄んだ明るさに輝いてゐます。表紙の色もすつかり褪せてしまひましたが、その内容は暗い時代に青春をすごしたわたくしにとつて、鮮烈な一点の光明だつたのであり、いまなほ見はてぬ夢のなかに、なつかしくも仰ぎ見る一等星なのです。

福井県敦賀市の結城小学校には、橋本進吉の業績を顕彰する記念碑が建てられてゐます。

上代特殊仮名遣の応用

たとへば、黒kuroといふ語は、kuおよびroといふ二つの音節が結合して、はじめて黒といふ意味をあらはす語になつてゐます。言ひかへれば、kuroは意味をあらはすことができる最小の單位で、kuだけでもroだけでも意味をあらはすことができません。かうして、意味をあらはすことができる最小の單位を語根と呼ぶことにしませう。その上で、実例を見ながら、これから詳しい話に移ることにします。前掲の万葉仮名類別表、動詞の活用表などを手がかりとして読んでくださいますやうに。なほ、ここでは歌そのものの解説は省かせていただきたく、おゆるしを願ひます。

ぬばたまの　甲斐《かひ》の矩盧古磨《くろこま》　鞍《くら》着せば　命死なまし　甲斐の倶盧古磨

（日本書紀歌謡、八一）

松浦川　川の瀬光り　鮎釣ると　立たせる妹《いも》が　裳の須蘇《すそ》濡れぬ

（万葉集巻五、八五五）

しましくも　獨りあり得る　ものにあれや　島の牟漏《むろ》の木　離れてあるらむ

（万葉集巻十五、三六〇一）

……秋津島《あきづしま》　大和の国の　橿原の　畝傍《うねび》の宮に　宮柱　布刀《ふと》知り立てて……

（万葉集巻二十、四四六五）

右の四首に見える矩盧（黒）、須蘇（裾）、牟漏（樹木の名）、布刀（太）に注目しますと、矩《く》、須《す》、牟《む》、布《ふ》はすべてウ列音ですから、甲乙二類に分れることはありません。これに対して盧、蘇、漏、刀はすべて甲類の仮名です。すなはち、これら二音節の語根は、kuro、suso、muro、Futo のやうに、すべて奥舌母音 u と奥舌母音 o とが結合することによつて構成されてゐます。かうして明らかになつたことは、奥舌母音 u と中舌母音 ö とは仲が悪くて、決して手をつながないといふこと、語を構成する二つの母音の一方が「ウ」であり他方が「オ」であるとき、その「オ」は必ず奥舌母音oであつて、決して中舌母音öではないといふことです。母音が中舌öになる乙類の仮名とは、ここでは無関係であつたわけです。

　奥舌母音uと中舌母音öとは、二音節の語根に共存しない。

といふ法則がありました。これは例外を持たない、極めて重要な法則なのです。

　石見乃也《いはみのや》　高角山《たかつのやま》の　木《こ》の際《ま》より　わが振る袖を　妹見つらむか（万葉集巻二、一三二）

この柿本人麻呂の歌に見える高角山といふ山は、原文にも高角山とあり、「角《つの》といふところにある高い山」の意であることは、おそらく動きますまい。ところが、ある人はこれを「高津の山」すなはち「高津《たかつ》といふところにある山」であると主張し、知識人のなかにはこの説に賛同し、この説を賞賛し、はてにはこの新説の考へ方に気づかずに来た専門家たちを非難する人さへ現れる始末でした。すでに明らかなやうに、原文「角《つの》」は二音節の語根ですから、tunoであつてtunöではなく、「の」は甲類、その母音は奥舌oです。一方の「つ」の母音が奥舌uなのですから、他方の「の」の母音は、前記の法則によつて中舌öではないことが明らかです。然るに、この新説では「の」が連体助詞であることになりますね。連体助詞の「の」は前掲の「牟漏能木」「石見乃也」のやうに乙類音であつて、その母音は中舌öなのです。すなはち「角《つの》」と「津の」とは音韻を異にし、「高津の山」の「津乃」といふ部分を「角」といふ文字で書きあらはすことは、古代日本語においては、あり得ないことだつたのです。かうしてこの新説は成り立たないことになりました。また、古代語の勉強をしないで新説を振りかざしたり、それを支持したりすることも無意味であることが証明されたのでした。

これは「の」の甲乙をめぐる問題でもありましたが、次には「き」の甲乙をめぐる問題にも注目しておきます。斉明天皇の歌に見える今城《いまき》は、原文に、

伊磨紀（日本書紀歌謡、一一六）

伊麻紀（日本書紀歌謡、一一九）

などと書かれ、その紀は乙類kïを示してゐます。そこに、これを渡来人にかかはらせて「今《いま》来《き》」といふ意味の地名、いまあらたに外国から渡つてきた人々が住むところといふ意味の地名であらうとする説が現れました。しかし、古代語の動詞の活用表に示しましたやうに、カ行変格活用動詞「来《く》」の連用形「来《き》」は甲類「き」kiですから、それに乙類「き」kïをあてはめることができず、この説は成り立たないことになります。おわかりですね。

また、『万葉集』に二十回も登場する枕詞《まくらことば》、大宮《おほみや》にかかる「ももしきの」の「き」には、綺、紀、木、城などの乙類kïを示す万葉仮名が用ゐられてゐます。

……百磯城之《ももしきの》　大宮處《おほみやどころ》　見れば悲しも　（万葉集巻一、二九、柿本人麻呂）
……百石木能《ももしきの》　大宮人《おほみやひと》は　常に通はむ　（万葉集巻六、九二三、山部赤人）
……百師紀能《ももしきの》　大宮所　止む時もあらめ　（万葉集巻六、一〇〇五、山部赤人）
布勢《ふせ》の浦を　行きてし見てば　毛母之綺能《ももしきの》　大宮人に　語り継《つ》ぎてむ
（万葉集巻十八、四〇四〇、田辺福麻呂）

これを「百石敷《ももいししき》」といふ意味であらうとする説が現れました。しかし、古代語の動詞の活用表に示しましたやうに、動詞「敷《し》く」はカ行四段に活用する動詞であつて、その連用形の活用語尾「き」は甲類kiなのですから、それを乙類kïにあてはめることはできないのです。奈良県明日香村の古代遺跡からは、みごとな敷石が出土して、そこに宮殿が建てられてゐたことを知るのですが、そのたくさんの敷石の上にたくさんの木材によつて立派な宮殿が建てられて、はじめて「ももしきの大宮」となつたはずです。西洋の古城とは違つて、石材だけでは宮殿になりませんね。すなはち「ももしき」は「百石敷」といふ意味ではなく、右の第二例のやうに「百《もも》石木《いしき》」といふ意味であつたと考へなければなりません。たくさんの石材や木材によつて構築された大宮殿、それが「ももしきの大宮」でした。樹木や木材を意味する木《き》は乙類のkïです。
すでに本居宣長が言ひましたやうに、古語を正しく理解するために、上代特殊仮名遣はしばしば有益な指標となりましたし、もつともらしい新説が現れても、上代特殊仮名遣はそれを的確に排除するための強い力になることができたのです。

上代特殊仮名遣の消滅

この上代特殊仮名遣、甲類乙類の書き分けは、奈良時代後期にすでに混乱を見せはじめ、平安時代に入つて急速に衰へて行きました。その間の事情について、少し考へてみませう。

古代日本語、字音語を含まぬ大和言葉においては、一つの單語を構成する音節の数は、一または二が標準でした。そのことは、さきに紹介した「あめつちの詞」が、すでに見せてゐたことです。あめ（天）、つち（地）、ほし（星）、そら（空）、やま（山）、かは（川）、と始まる二音節語の行列です。またそこには一音節語の榎（ア行え）、枝（ヤ行え）も見えてゐました。

さうした状態において、音韻の数が少いとすれば、そこに同音異義語、音が同じで意味が異なる語が増大し、表語能力、語を表はす力が減少して、言語の伝達機能に支障が出てきますね。そこで、意味の分化に対応するためには、音韻の数が多いことを必要としました。たとへば、日はヒ甲類Fi、火はヒ乙類Fï、上《かみ》のミは甲類mi、神《かみ》のミは乙類mïであつてそれぞれ互ひに紛れることがなかつたのです。かうして、古代の日本語のやうに、一語を構成する音節の数が少いときには音韻の数が多く、これは伝達を使命とする言語といふ文化においては、当然の傾向でした。

然るに、国家が成長し、社会生活が複雑になり多面的になつてきますと、あらたにさまざまな事物を表現する必要が生じます。その必要に応じて複合語が発生増加し、活用する語においては活用が整へられ、活用語尾が語幹に融合して行きました。かうなると、一語の多音節化が進み、そのときに音韻の数が多いことは、意味を識別するためには、かへつて無用の長物となつて行つたのです。そこで、かなり近い音域にあつたiとï、eとë、oとöは、徐々に混同されて一つになつて行きました。最後まで甲乙の区別を保つてゐたコにも、独立語において混乱が生じたのは、文献の上では貞観七年（八六五）以後とされます。右に述べましたことについて、実例を一つ見ることにします。

今日もかも美也故《みやこ》なりせば見まく欲《ほ》り西の御馬屋《みまや》の外《と》に立てらまし
（万葉集巻十五、三七七六、中臣宅守《なかとみのやかもり》）

右の歌に見える三音節語「みやこ」には、いま一般に「都」の字が用ゐられ、一つの単語として意識されてゐますが、もとは三つの単語によつて成る複合語です。「や」は屋の意で建造物、それに美称接頭語、ほめことばの「み」が加へられて御屋《みや》、すなはち宮、宮殿、天皇の宮殿といふ意味になり、さらに「こ」が下接して「みやこ」となりました。この「こ」は所、場所を意味する語ですから、「みやこ」の原義、本来の意味は「天皇の宮殿がある所」です。しかし、ここで考へなければならないことがあります。それは「こ」が甲類か乙類かといふこと、原文の「故」が甲類か乙類かといふことです。前掲の類別表によつて甲類koであることがわかりますね。ところが、場所を意味する「こ」は乙類köなのです。どうしてこんなことになつてゐるのか。それは、すでに複合語「みやこ」の一部分になつてしまつた「こ」を、もはや敢へて本来の乙類の仮名によつて示す必要がなくなつてゐたからです。甲類の仮名を用ゐても意味の伝達に不都合がなくなつてゐたからです。ここに「こ」における甲乙二類の区別が、やがて消滅に向ふ経過の一端を見ることができます。

上代特殊仮名遣が消滅して九百年、そこに待つてゐたものが本居宣長の慧眼であつたわけです。

右の歌「今日もかも」について、少し説明しておきます。この歌は天平十二年（七四〇）の作とおぼしく、中臣宅守が下級女官狭野弟上娘子《さののおとがみのをとめ》と結婚したとき、それが当時の法にそむくことであつたのか、越前（福井県、国府はいまの武生市）に流罪となつたときの歌です。人の目を避けてこつそりと女に逢ふ場所としては、宮中の右馬寮（宮廷馬を管理する役所）の物陰がふさはしかつたのでせう。わたしがもし今日も奈良の都にゐたら、例の臭い馬小屋の外でお前さんを待つてゐたことであらうに、と嘆いてゐます。

推古期遺文

『古事記』『日本書紀』『万葉集』などよりも古く、推古天皇の時代（五九三〜六二九）の文献が残つてゐます。そこでは上代特殊仮名遣は、どのやうな様子を見せてゐるのでせうか。

古代の飛鳥に偉容を誇つた飛鳥寺（法興寺）、そこに聳える塔の露盤に刻まれてゐた銘文、その本尊釈迦佛の光背に刻まれてゐた銘文について、少々考へてみることにします。この飛鳥寺は養老二年（七一八）に平城《なら》の新京に移されて元興寺と呼ばれました。その名が『万葉集』の巻六の九九二、一〇一八などの歌に見えます。この寺の塔は安政六年（一八五九）に火災によつて燃え落ちましたので、その露盤も現存せず、いま奈良市芝新屋町に基壇および礎石を残すばかりとなりました。『日本書紀』によれば、崇峻天皇元年（五八八）に法興寺を建立したとき、百済《くだら》から僧侶、瓦博士、寺工、画工などと共に鑪盤博士白味淳（ろばんのはかせはくまいじゆん）が渡来してゐますので、その露盤（塔の頂にある相輪の基部、ここは相輪全体）は白味淳によつて鋳造されたと考へられ、銘文の作者は『日本書紀』に言ふ画工白加（ゑかきびやくか）すなはち銘文に言ふ書人百加博士、および陽古博士であつたと考へられます。

一方、京都市伏見区にある真言宗の大寺醍醐《だいご》寺《じ》は、一般には豊臣秀吉の花見によつて知られますが、この大寺の存在價値は花見よりも、多数の貴重な古典籍を伝へてきたことにあります。元興寺の露盤に刻まれた長文の銘（漢文）も、『元興寺縁起』（長寛三年、一一六五、書写）に載せられて、醍醐寺に伝へられました。それは、欽明天皇の世に、蘇我稲目《そがのいなめ》が大臣であつたときに、百済の聖明王が、万法の中にも佛法が最上であると上啓してきたことから説きおこし、法興寺の建立に参加した主要な人々の名を列挙して結んでゐます。丙辰年《ひのえたつのとし》（五九六、推古天皇四年）に竣工したことも述べられ、『日本書紀』の記述と一致してゐます。地名を万葉仮名によつて書きあらはし、「斯歸斯麻《しきしま》」「佐久羅韋等由良《さくらゐとゆら》」とする例にも注目されますが、人名を

等已弥居加斯支夜比弥乃弥已等（とよみけかしきやひめのみこと、推古天皇）

有麻移刀等已刀弥弥乃弥己等（うまやととよとみみのみこと、聖徳太子）

巷宜有明子（そがうまこ、蘇我馬子）

などと書きあらはすところに、

已（よ乙類）　宜（が）

居（け乙類）　明（ま）

などの推古期独特の用字法が見られますことは、万葉仮名の歴史、漢字上古音との関連において、特に重要なことと考へられます。

法興寺は平城京に移されたのちも、佛法元興聖教最初の地（貞観四年、八六二、太政官符）と呼ばれて栄えてゐましたが、建久七年（一一九六）に至り雷火によつて焼け失せてしまひました。本尊丈六釈迦佛像は鞍作首止利（くらつくりのおびととり）の作で、北魏《ほくぎ》（三八六～五三四）の様式を示し、年代の明らかな最古の遺例なのですが、惜しくも焼けただれ、顔面、左耳、右手中央三指および左足の一部を除いては、すべて後世の補修によつてゐます。かうして光背もまた焼け失せましたが、そこに刻まれた銘文（漢文）は、前記の『元興寺縁起』に記載されてゐます。『日本書紀』には推古天皇十四年（六〇六）四月八日の記事に「是《こ》の日に丈六の銅の像《みかた》を元興寺の金堂に坐《ま》せしむ」と見えてゐますが、光背銘には推古天皇十七年（六〇九）として、『日本書紀』の記述とは一致してゐません。しかし、欽明天皇の世に百済の聖明王が上啓してきたことから説き起すところは露盤銘と類似し、高句麗の大興王（嬰陽王）から多額の助成があつたと述べるところは、史料として注目されます。地名を「斯帰斯麻」「等由羅」と万葉仮名によつて書きあらはすことは露盤銘と共通しますが、人名を「廣庭」、地名を「櫻井」と書きあらはすところは、露盤銘の「比里尓波《ひろには》」「佐久羅韋《さくらゐ》」と比較して、漢字とそれに対応する日本語の單語との結合関係、結びつきが発達してきたことを物語つて、大きな意義を持つてゐます。ほかに「夷《い》波《は》礼《れ》瀆辺宮」（いはれいけのへのみや、磐余池辺宮、用明天皇の宮殿）といふ例もあつて注目されます。

　止与弥擧奇斯岐移比弥（とよみけかしきやひめ、推古天皇）
　巷奇有明子（そがうまこ、蘇我馬子）

などと書きあらはすところには、

擧（け乙類）　奇（が）　明（ま）

などの推古期独特の用字法が見られ、露盤銘と同様に、万葉仮名の歴史、漢字上古音との関連などの、重要な問題点を見ることができます。中宮寺の天寿国曼荼羅繡帳銘をも含めて、推古期遺文には、万葉仮名の古式の用法が明らかに見えてゐるのです。それが地名、人名などの名詞に限られてはゐるものの、八世紀の文献には見えない古式の万葉仮名、推古期遺文における特有の万葉仮名に注目されます。それをまとめておきます。

か	奇	そ甲	楚嗽巷	ほ	菩
が	奇宜	た	侈	ま	明

き乙　帰	ち　至	よ乙　已
け乙　擧希	ぬ　蕤	
げ乙　義	へ甲　俾	

五世紀の金石文

日本語の泉を求めて、推古期遺文にまでたどり着きました。ここまでかと諦めずに、さらに野中古道《のなかふるみち》の草を分けて行きますと、そこに一面の鏡がありました。それが隅田《すだ》八幡宮人物画像鏡《はちまんぐうじんぶつがぞうきょう》であり、それに鋳出された銘文に注目することになります。この銘文は和歌山県橋本市の隅田八幡宮に伝来した仿製鏡《ほうせいきょう》にあり、仿製鏡とは古代中国の銅鏡をまねて造つた日本製の銅鏡のことです。そこに見られる銘文（漢文）は四十八字から成り、発見されてからすでに二百年ほどを経てゐますのに、判読しがたい文字もあつて、まだ正確には解読されてゐないのです。

癸未の年の八月、大王の世に、男弟王が意柴沙加《おしさか》の宮にあつたとき、斯麻《しま》といふ臣が大王の長寿を念じて開中費直と穢人の今州利《こむすり》を遣し、白上銅二百旱を取つてこの鏡を作る

このやうな意味になるらしく、癸未《みづのとひつじ》の年を四四三年とする説と五〇三年とする説とがあります。やや有力視される前者に従へば、これは五世紀中期の文献であることになります。万葉仮

名による地名の表記「意柴沙加」、人名の表記「斯麻」「今州利」は重要ですし、なかでも「意柴沙加」に注目されます。これが『古事記』歌謡一〇の「意佐加《おさか》」、『日本書紀』歌謡九の「於《お》佐箇《さか》」と同一の地名「忍坂《おさか》」を示してゐるとすれば、その「忍坂」は音節「シ」の脱落であるのか、実際には「オッサカ」と発音されながら、その促音《そくおん》（つまる音、いま小字で書くが、歴史的かなづかひでは小字にしない）が書かれてゐないのか、といふ問題につながります。また、奈良時代の日本語のなかにすでに促音が存在してゐたのか、といふ問題をも導き出してゐます。ただし、この銘文の鮮明な写真を見ますと、「おしさか」の二字目は、どう見ても「柴」であつて「紫」ではありません。「シ」ならば「紫」であつてほしく、あるいは「紫」を誤つて「柴」としたのかもしれません。万葉仮名としては「紫」は「シ」であり、「柴」は「サ」なのです。

熊本県玉名郡和水町に江田船山《えたふなやま》古墳があります。これは菊池川左岸の台地の上にある古墳群のうちの一基です。明治六年（一八七三）の発掘調査によつて、銀象嵌の銘文（漢文、七十五字か）を刻んだ鉄刀が出土しました。これもまた、右の隅田八幡宮人物画像鏡銘や後述の稲荷山古墳鉄剣銘と共に、日本語の黎明期を物語る一級資料として、まことに貴重な遺宝となりました。判読しがたいところも多く、決定的な訓読は未完成の状態にありますが、ここにも万葉仮名によつて人名を「无利弖《むりて》」「伊太加《いたか》」などと書きあらはし、張安といふ学識者にこの銘文を作らせたことを述べて、渡来人の役割を示してゐることに注目されます。この鉄刀の製作年代については、四三八年前後とする説が弱くなつてゐるらしく、五世紀の後期と考へておくべきかと思はれます。

次に稲荷山古墳鉄剣銘。これは埼玉県行田市の稲荷山古墳から昭和四十三年（一九六八）に発掘された鉄剣の銘文です。厚く銹《さび》に覆《おほ》はれてゐましたが、十年後に及び元興寺文化財研究所においてX線写真撮影が行はれましたところ、金象嵌による百十五字の銘文が現れて、高松塚古墳壁画に並ぶ大発見となりました。これも漢文で書かれ、古代日本語による自由な表現ではありませんが、一字一音の表記による多数の固有名詞が含まれてゐたことは、日本語の古い姿を知るべき貴重な発見であつたのです。年代は銘文の冒頭に「辛亥年《かのとゐのとし》」とあるところから、五世紀の後期、四七一年と考へられます。そこに見える人名としては、まづ「乎獲居臣」（をわけのおみ）、居は『万葉集』ではコ乙類の仮名ですが、『日本書紀』でも推古期遺文でもケ乙類の仮名ですから、ここでも同様と見られます。獲は万葉仮名に見えず、「ワ」と訓むことをためらふ見解もありますが、古くは呉音「ワク」であつて、「ワ」を表記したとする見解が有力です。以下、人名として「意富比垝」（おほひこ）、この「比垝」は『日本書紀』に引用される百済の史料に「比跪」とする表記と同じく、「ヒ甲類・コ甲類」と考へられ、これで大彦となりますね。「多加利足尼《たかりのすくね》」、「弖已加利獲居《てよかりわけ》」、「多加披次獲居《たかひしわけ》」、「多沙鬼獲居《たさきわけ》」、「半弖比《はてひ》」、「加差披余《かさひよ》」、「獲加多支鹵《わかたける》大王」と続いてゐます。この大王が雄略天皇（在位四五七〜四七九）といふことになるのです。

記紀万葉から溯つて、七世紀初頭の推古期遺文について考へ、さらに溯つて五世紀後期の金石文のなかに、日本語の断片を求めてきました。しかし、国内の資料については、もはやこれ以上に溯ることができなくなりました。

魏志倭人伝

『魏書《ぎしょ》』東夷伝の倭人の項といふ史料は、魏志倭人伝と呼びならはされてきました。これは三世紀に編述された中国の史書『三国志』に属し、日本（倭国）について二千字ほどの記事を載せてゐます。その冒頭に朝鮮半島帯方郡から邪馬台国に至る記事があつて、いはゆる邪馬台国論争の根本史料となつてきました。邪馬台国は九州にあつたのか大和にあつたのか、といふ大問題を横目に見て、ここでは当時の外国語（三世紀の日本語すなはち倭人語）に注目しようと思ひます。わたくしとしては、邪馬台国は豊後《ぶんご》（別府湾沿岸地域）にあつたと推定する古気候学者山本武夫の説に、大きな魅力を覚えてゐます。

さて、さきにも申しましたやうに、倭人伝に見られる日本語としては、「卑狗《ひこ》」「卑奴母利《ひなもり》」「弥馬獲支《みまわけ》」「奴佳鞮《なかで》」などの官名十数語、「対馬《つしま》」「末盧《まつろ》」「伊都《いと》」「不弥《ふみ》」「邪馬台《やまたい》」などの国名二十数語、「卑弥呼《ひみこ》」「伊聲耆《いせき》」「卑弥弓呼《ひみくこ》」「壱与《いよ》」などの人名語があります。これらの約五十語がどれほど正確であるかといふこと、つまり、三世紀中期の倭人語を魏の使節がどこまで正確に聞きとり、それを当時の漢字音によつてどの程度に正確に表記してゐるのか、といふ基本的な問題があります。また、それを七世紀、八世紀の日本語によつて解釈することにも、大きな問題があるのでした。

しかし、とにもかくにも、倭人伝が日本語を記録した最古の文献であることには相違なく、そこにはすでに卑、奴、母、離、尓、支、謨、渠、弥、馬、那、利など、七世紀、八世紀の文献における万葉仮名に共通する文字も見えてゐます。倭人伝に見える倭人語が七世紀、八世紀の日本語に到る過程は、かなり複雑であつたかもしれませんが、その倭人語の音韻組織において、母音が單母音から成つてゐること、音節が強く開音節性（一語が母音で終る性質）を示してゐることは、右の約五十語によく見えてゐます。しかも、それが五世紀の金石文以降の日本語の音韻組織にも共通する特色であることは、名詞に限られることとは言ひながら、やはり重視すべきことであらうと思ひます。

日本語の泉を求めながらたどつてきた細道は、かうして魏志倭人伝に到つて遂に行止りになつたやうです。これから先は、どこをどのやうに歩めばよいのでせうか。亀井孝『日本語系統論のみち』（吉川弘文館、一九七三）のやうな書物を読みながら、よく考へなければなりますまい。遠い将来に、日本語の泉に向ふ細道の続きが、あるいは見出されるかもしれないと思つてゐます。

福岡県志賀島から出土した金印の文字「漢委奴国王」の五文字には、もはや一世紀の日本語を見ることがないのです。

母音法則（ABC）の話

日本語の泉を目指して進んできた小道が、前節の魏志倭人伝まで来て行止りになりましたので、ここでしばらく後戻りをして、七世紀から八世紀にかけての古代日本語の姿を、ゆつくりと眺め、踏みかためてみようと思ひます。

さて、その時代の日本語には、さきに申しましたやうに八つの母音があり、その八母音相互の間に、さまざまな法則あるいは法則的な強い傾向が認められるのでした。〜本書八二ページ参照〜本節以下には、さうした法則あるいは法則的な傾向を十項目（A〜J）に分けて紹介し、日本語の泉に向ふ古道を踏み固めておくことにしたのです。『万葉集』から引いた用例には、その歌が属する巻の番号、およびその歌の番号を示します。前掲の「万葉仮名類別表」（七四〜七六ページ）を見ながらお読みください。

朝霧に　之努努《しのの》に濡《ぬ》れて　呼子鳥《よぶこどり》　三船《みふね》の山ゆ　鳴き渡る見ゆ　（巻十、一八三一）

吉野連山の中の三船山のあたりを、呼子鳥が濃い霧の中を飛んでゆきます。その霧の濃さは鳥の翼をしつとりと（之努努に）濡らすかのやうに見えました。作者の心の中で鳥は濡れるのです。

香島嶺《かしまね》の　机の島の　小螺《しただみ》を　い拾《ひり》ひ持ち来て　石以《も》ち　つつき破り　早川に　洗ひ濯《すす》き
辛塩《からしほ》に　古胡《こご》と揉み　………　（巻十六、三八八〇）

これは古代能登地方の童謡、ままごと遊びのわらべ唄かと考えられる歌で、おそらく大伴家持が採集して『万葉集』に載せたのでせう。「古胡」は擬音語で、小螺といふ巻貝の身をごしごしと塩揉みにしてゐるところです。

梅の花　今盛りなり　毛毛鳥《ももとり》の　声の恋《こほ》しき　春きたるらし　（巻五、八三四）

これは天平二年（七三〇）に大宰府で詠まれた早春の歌です。間もなく百鳥（たくさんの鳥）の声が聞かれる春が、そこまで来てゐるらしい、その春が恋しいと言つてゐます。

右の三例で之努努、古胡、毛毛に注目しますと、努、古、胡、毛はすべて甲類の仮名ですから（『古事記』および『万葉集』巻五では「モ」の甲乙二類を書き分けます）、sinono、kogo、momoとなつて、そこに結合してゐる「オ」といふ母音は、いづれも奥舌母音oであることがわかります。これに対して、

天飛《あま》ぶや　雁《かり》を使に　得てしかも　奈良の都に　許登《こと》告げやらむ　（巻十五、三六七六）

これは天平八年（七三六）の遣新羅使の歌です。古代中国の史書『漢書《かんじよ》』の蘇武伝に見える故事をふまへ、奈良に残してきた家人に手紙を書いて、それを空を飛ぶ雁に託したいと言ふのです。

左夫流兒《さぶるこ》が　斎《いつ》きし等乃《との》に　鈴掛けぬ　駅馬《はゆま》くだれり　里もとどろに　（巻十八、四一一〇）

これは天平感宝元年（七四九）に越中守大伴家持が詠んだ歌です。土地の女左夫流兒と深い仲になり、生活が乱れてゐる書記官尾張少咋《をはりのをくひ》のもとに、都から少咋の本妻が乗り込んできた一騒ぎを描いてゐます。

能許《のこ》りたる　雪にまじれる　梅の花　早くな散りそ　雪は消《け》ぬとも　（巻五、八四九）

これは天平二年（七三〇）の早春に大宰府で詠まれた歌です。残雪のなかに咲く梅の花、その

雪中梅花の図に、冬と春との境目における季節の風趣をとらへてゐます。

右の三例で許登（言の意）、等乃（殿の意）、能許（残の意）に注目しますと、許、登、等、乃、能はすべて乙類の仮名ですから、kötö、tönö、nökö となつて、そこに結合してゐる「オ」といふ母音は、いづれも中舌母音 ö であることになります。

かうして明らかになつたことは、o と ö とは仲が悪くて決して手をつながないといふこと、一方が o ならば他方も o であり、一方が ö ならば他方も ö であるといふこと、さらに言へば、僧能（園《その》の意、巻五、八一七）においては、能がすでに見たやうに乙類なのですから、僧は調べてみなくても乙類にきまつてゐる、甲類であるはずがありません。それは sönö であつて、僧も能も乙類、母音はどちらも ö なのです。すなはち、
奥舌母音 o と中舌母音 ö とは、同一の語根（八九ページ参照）のなかに共存しない。

といふ法則がありました。これは例外を持たない、強い、重要な法則で、これを母音法則Ａと名づけておきます。

次に見るべきことは、すでに「上代特殊仮名遣の応用」の項目に述べたことです。本書九二ページを参照してください。その結論だけを繰りかへしますと、『万葉集』の原文「高角山」（巻二、一三二）を「高津の山」と解釈することはできない、といふことでしたね。すなはち、

奥舌母音uと中舌母音öとは、二音節の語根のなかに共存しない。といふ、重要な法則があつたのです。この例外を持たない強い法則を、ここで母音法則Bと名づけておきます。

さて次は母音法則Cの話になります。

青旗の　木幡《こはた》の上を　賀欲《かよ》ふとは　目には見れども　直《ただ》に逢はぬかも（巻二、一四八）

これは天智天皇の命が危くなつたときに、皇后倭姫《やまとひめ》が詠んだ歌とされます。天智の霊魂が木幡山あたりの空を往来してゐるかと、皇后の目には見えたのでせう。しかし、もはや直接にはお逢ひしがたいといふ歎きです。

真木柱《まきはしら》　つくる蘇麻人《そまびと》　いささめに　仮廬《かりほ》のためと　つくりけめやも（巻七、一三五五）

これは、杣山《そまやま》ではたらく人は立派な材木を作るためにはたらきます。仮小屋に使ふお粗末な材木を作るつもりはないはず、同様に、わたしは娘を立派に育てました。あなたのやうな好青年にはお似合ひよといふ母親の歌か。

春されば　吾家《わぎへ》の佐刀《さと》の　川門《かはと》には　鮎兒《あゆこ》さ走る　君待ちがてに（巻五、八五九）

これは大伴旅人が幻想界に描いた松浦川の仙女の歌、あのすてきな旅行者は、帰り道にまたここに寄つてくれないかしら、松浦川の子鮎が飛びはねるやうに、わたしは心を躍らせてお待ちしてゐます、といふ歌です。

右の三例で賀欲（通の意）、蘇麻（杣の意）、佐刀（里の意）に注目しますと、賀、麻、佐はすべてア列音ですから、甲乙二類に分れることはありません。これに対して欲、蘇、刀はすべて甲類の仮名です。すなはち、これらの語根はkayo, soma, satoのやうに、すべて奥舌母音ａと奥舌母音ｏとが結合することによつて構成されてゐます。かうして明らかになつたことは、奥舌母音ａと中舌母音öとは仲が悪くて手をつながないといふことでした。語を構成する二母音の一方が「ア」であり、他方が「オ」であるとき、その「オ」の多くは奥舌母音ｏであつて、中舌母音öではないといふことです。

奥舌母音ａと中舌母音öとは、同一の語根のなかに共存することが少い。

といふ強い法則性があつたのです。この法則性を母音法則Cと名づけておきます。この母音法則Cについて、右に多くはと言つたり少いと言つたりしました。それは例外が幾つかあるからでしたし、また法則性と言ひましたことも、例外の存在を意識したからです。ここにその例外の一つ二つを掲げます。オ列音に乙類が現れてゐます。

池田《いけだ》乃《の》阿曾《あそ》（asö　巻十六、三八四一）

鳥羽《とば》能《の》淡海《あふみ》（töba　巻九、一七五七）

さて、以上の三つの母音法則ＡＢＣを全体として眺めてみますと、そこにまた一つの重要な傾向が認められます。さきに一〇九～一一〇ページに示しましたやうに、奥舌母音に属するｕｏａの三母音が、そろつて母音法則ＡＢＣに関与してゐること、さうしてそれが中舌母音ö との間に明らかな反撥関係を示してゐることが見えてきたのです。母音が結合して語を形成するときに、互ひに好み合ふ母音と互ひに排除し合ふ母音とがあつて、それぞれの型が定まつてゆきます。かうした現象が母音調和と呼ばれてゐますので、見方によつては、古代日本語にもその母音調和の残影が見えてゐることになりました。しかも、それは八三ページに申しましたやうに、アジア大陸にひろく分布するアルタイ語族との間の注目すべき共通点でもあつたのです。母音調和以外の重要な共通点としては、語頭にｒが立たない（らつきよう、りんご、るり、れんげ、ろば等々は外来語）こと、語頭に濁音が立たないこと、関係代名詞がないこと、性（男性、女性、中性）の区別がないこと、数（單数、複数）の区別がないことなどが指摘されてゐます。古代日本語と南島語族とのかかはりについては、またのちほど申し述べます。

母音法則（ＤＥ）の話

右に述べてきましたことは、古代日本語の八母音相互に見られる結合関係に顕著な法則があつて、それを母音の結合に関する法則として、ＡＢＣといふ三則に整理してきたことです。次に本節に述べますことは、八母音相互の間に見られる交替関係に強い傾向があつたことです。

これやこの　名に負《お》ふ鳴門《なると》の　渦潮《うづしほ》に　玉藻刈るとふ　海人娘子《あまをとめ》ども

（巻十五、三六三八）

これは天平八年の遣新羅使の歌です。船は瀬戸内海を西へ進んで、本土と屋代《やしろ》島（大島）との間の海峡（鳴門）にさしかかりました。その渦潮に臨んで、みづみづしい海藻を刈り取つてゐる漁村の娘たちの姿を見て、男ばかりの船旅の心がしばしなごむかのやうです。

薪許流《たきぎこる》　鎌倉山の　木垂《こだ》る木を　まつと汝《な》が言はば　恋ひつつやあらむ

（巻十四、三四三三）

これは東国相模国の歌です。鎌倉の山に入つて、毎日の生活に必要な薪《たきぎ》を伐《き》り出します。そこには松が繁つてゐるのだが、わたしがほしいのは、いとしい娘の（あなたを）待つといふ言葉なのだ。すぐにも逢ひに行きたい。

この二首において可流（刈る）と許流（樵《こ》る）とを比べてみますと、可流は用ゐる刃物

（鎌）が小さく軽く、また対象物も稲とか草とか海藻とかの軟らかなものです。これに対して許流は用ゐる刃物が大きく重く、また対象物も樹木の幹とか枝とかの硬いものです。

この岡に　草苅小子《くさかるわらは》　然《しか》な刈りそね　……　（巻七、一二九一）

斧《をの》取りて　丹生《にふ》の檜山《ひやま》の　木折来而《きこりきて》　筏《いかだ》に作り　……　（巻十三、三二三二）

このやうな意味の違ひはあつても、刃物を用ゐて対象物を切断するといふことにおいて共通する意味もあり、可流と許流とが互ひに類義語の関係にあることを知ります。類義語とは、二つの語が異なる意味と共通する意味とを併せ持つときの名です。いまもよく用ゐる「あがる」と「のぼる」について言へば、「あがる」はその動作の結果に意味の重点があり、一方の「のぼる」はその動作の経過に意味の重点がありますが、上方に向つて移動するといふ共通の意味がありますので、「あがる」と「のぼる」は類義語であるといふことになります。これを音韻の相違について言へば、許流の許が乙類ですから、その母音は中舌母音öであつて、そこにka～köといふ対応関係があることになります。すなはち、奥舌母音aと中舌母音öとの交替によつて、微妙に意味を異にする類義語の関係が成り立つてゐるのです。

白雲《しらくも》の　千重《ちへ》を押し別《わ》け　天《あま》そそり　多可吉多知夜麻《たかきたちやま》……　（巻十七、四〇〇三）

これは天平十九年（七四七）四月に越中国の掾《じよう》（三等官）大伴池主《いけぬし》が詠んだ長歌です。多知夜麻はいまの立山《たてやま》、その気高くそびえる立山を讃美する一節にあたります。

逢はむ日を　その日と知らず　等許也未《とこやみ》に　いづれの日まで　吾《あれ》恋ひ居《を》らむ

（巻十五、三七四二）

これは天平十二年（七四〇）越前国に流罪となつた中臣宅守《なかとみのやかもり》の歌です。当時の流刑は無期限でありましたから、等許也未すなはち果てもなく続く暗闇のやうな心のなかに、都に残した人の面影を思ふほかはなかつたのです。

右の二首において多可（高）と等許（常）とを比べてみますと、多可は空間的に上方へ伸びてゐる状態を表はし、等許は時間的に前方へ伸びてゐる状態を表はす語ですから、そこに明らかに共通する意味がある、両者が互ひに類義語の関係にあることを知るのです。これを音韻の相違について言へば、多も可もア列音ですから甲乙二類に分れませんが、等、許は共に乙類ですから、そこに taka～tökö といふ対応関係があることになり、ここにもａとöとの交替が認められます。

奥舌母音ａと中舌母音öとは対応する一組の母音でありしばしば交替して類義語をつくる。これを母音法則Ｄと名づけておきます。「葦辺なる荻《をぎ》の葉左夜《さや》ぎ」（巻十、二一三四）、「旗薄《はたすすき》本葉も其世《そよ》に」（巻十、二〇八九）、この交替 saya～söyö もこの例に属してゐるはずです。

かうした母音交替による造語法は、日本語の世界を豊かにふくらませる力となりました。それがただの無意味な母音交替ではなかつたことにも、注意しておきたいと思ひます。また、これと同様の造語法がアルタイ語族にもあると言はれますので、ここにも古代日本語とアルタイ語族との親近性がほの見えてゐるやうです。

次に、奥舌母音の内部における母音交替の法則について述べます。

速須佐之男命（はやすさのをのみこと、古事記上巻）

素戔嗚尊（そさのをのみこと、日本書紀巻一）

右の二例は同一の神の名を示してゐます。従つて意味としても同一であるはずです。相違は音韻にあり、一方が須《す》（佐之男）であるのに対して他方が素《そ》（戔嗚）であるところにあります。須《す》はウ列音ですから甲乙二類に分れず、素《そ》は甲類ですからsu〜soといふ交替、すなはち同義語の間に奥舌母音uと奥舌母音oとの交替が見えてゐることになります。

沖つ鳥　鴨度久《どく》島に　わが率寝《ゐね》し　妹は忘れじ　世のことごとに　（古事記歌謡、八）

沖つ鳥　鴨豆久《づく》島に　わが率寝し　妹は忘らじ　世のことごとも　（日本書紀歌謡、五）

狭い漁村で若い男女が仲よくしてゐると、邪魔が入つたり意地わるをされたりしますね。そこで、鴨がゐるだけの沖の小島に連れて行つて共寝をしたあの娘を、わたしはいつまでも忘れない、と言つてゐるのです。豆《づ》はウ列音ですから甲乙二類に分れず、度《ど》は甲類ですからdu~doといふ交替、すなはち、これも同義語の間に奥舌母音uと奥舌母音oとの交替があることを示してゐます。

　奥舌母音uと奥舌母音oとは、しばしば交替して同義語をつくる。

これを母音法則Eと名づけておきます。この造語法もまた日本語の世界をふくらませる力となつたのであり、前述の法則Dと共に、母音の交替に関する強い傾向として注目されるのです。「都《つ》我《が》能《の》奇《き》」（栂の木、巻十七、四〇〇六）、「刀《と》我《が》乃《の》樹《き》」（栂の木、巻六、九〇七）、tuga~togaもこの例に属します。

　ところで、古代日本語における八母音のうち、中舌母音ï、ëおよび前舌母音eの三母音は、それ自身が結合して語根を形づくることがありませんでした。これをさらにわかりやすく申しますとどうなるか。英語で子音を意味するconsonantの頭文字Cで子音を表はすこととし、同じく英語で母音を意味するvowelの頭文字Vで母音を表はすことにします。さうすると、二音節語の多くはCVCVといふ形に記号化することができますね。そのVに具体的に母音をあてはめてみますと、たとへば空《そら》はCoCaとなり、雲《くも》はCuCoとなり、常《とこ》はCöCöになります。しかし、CïCï, CëCë, CeCe, CïCë, CëCe, CeCïなどの、ï、ë、eがそれ自身で結合する型は、理論の上に存在するだけで、実際には見ることができないのです。そのやうなわけで、なによりもそのゆゑに、ï、ë、eは日本語の本来的な母音ではなく、日本語の母音としては後進的な母音として考へられてゐるのです。加へて、本節に見てきた法則DEのやうに、öがaの交替形であり、oがuの交替形であるとしますと、文献以前の原始日本語（倭人語か）における母音はa、u、iの三母音であつたことになります。

一方、琉球方言は、江戸時代までは本土の人に外国語として意識されてきました。しかし、明治六年（一八七三）に来日して、日本語の研究、日本古典の研究に、すぐれた業績を残した人がありました。その人の名はB・H・チェンバレン。このイギリス人の学者が明治二十八年に至り、日本語と琉球語とが同系の言語であり、琉球方言が本土方言と並んで日本語を形成してゐることを証明したのです。

二つの言語の共通の先祖にあたる言語があり、この共通祖語と呼ばれる言語から二つの言語が分離し始めて、年月と共に次第にお互ひの間の距離が遠くなります。長い年月を経てゆくうちに、その二つは全く別種の言語かと見えるほどになります。しかし、その二つは先祖を共有し、共通祖語を持つてゐますので、そこから分離し始めて以来、現在までにどれほどの時間があるのか、といふことが問題になつてきます。このやうな問題を研究する言語年代学といふ学問によれば、本土方言（古代日本語）と琉球方言とは、いまから千数百年のむかしに共通祖語から分離し始めたと推定されるのです。かうして、日本語の非常に古い姿を伝へてゐるとされる琉球方言において、母音がいまも主としてa、u、iの三母音であることは、原始日本語における母音がa、u、iの三母音だつたのではないかといふ推定、母音法則からの推定と、ほとんど一致してゐるのでした。

さて、ここに到つて、さらに重大な問題が浮び上つてきました。それは、日本語の泉が北方ツングース語族にかかはるのかもしれないといふことのほかに、南方、南島諸語にもかかはるのかもしれないといふ問題です。はるかな南の方から日本列島に流れ寄る黒潮に乗つて漂ふならば、それはまさに島づたひに北上する「海上の道」（柳田國男）であつて、そこに言語の流れを見ようとする南方説は、一九二〇年代に始まりました。ただ單に南方語と言ひますと、わが日本列島の南の方、はるかに遠い海洋の中の島々に行はれる言語といふ漠然とした印象がありますす。しかし、日本語がどの系統に属するかといふ日本語系統論において、問題となる南方の言語としては、明瞭な限定のもとに南島諸語または南島語族と呼ばれる言語を指します。それはすなはちマライ・ポリネシア諸語でもあつて、インドネシア語族、メラネシア語族、ポリネシア語族から成り、広大な地域に分布してゐます。琉球諸島に行はれる琉球方言は、日本語としてこのマライ・ポリネシア諸語と地理的に最も近い位置にあり、日本語の強い開音節（母音終止）性、人類学上の種々の所見などは明らかに南方的であつて、日本の言語、人種、風俗などが南方との間にも深いかかはりを有することは否定すべくもないとされます。そこに、日本語における南方的要素を借用的であるとする借用説が唱へられました。一方、これに対して、日本語をアルタイ、ツングース系の言語とマライ・ポリネシア系の言語とを主な構成要素として混合した言語であると考へる混合説が唱へられ、さらにまた、日本語を、基層語としてのマライ・ポリネシア系の言語の上に、上層語としてのアルタイ・ツングース系の言語が重なつて成立した言語であると考へる重層説が唱へられました。いまのところは重層説が有力かと見られますが、依然としてまだ定説を見ることができないのです。

　はるかなる日本語の泉よ、それはどのやうにして、いつ、探しあてることができるのでせうか。

母音法則（F）の話

　なんだか気が遠くなるやうな話に入りこんでしまひましたが、その気を取りなほして母音法則の話に戻ります。

蜷《みな》の腸《わた》　か黒き髪に　いつの間か　霜の降りけむ　久礼奈為《くれなゐ》の　面《おもて》の上に　いづくゆか

皺《しわ》がきたりし　……　　（巻五、八〇四）

これは山上憶良が神亀五年（七二八）に作つた長歌の一節です。いまや老境にさしかかつて、黒い髪に白毛が目立つやうになり、血色がよかつた頬の皮膚もたるんで、どこから皺が来たのか、と言つて歎いてゐます。

かきかぞふ　二上山《ふたがみ》に　神《かむ》さびて　立てる栂《つが》の木　幹《もと》も枝《え》も　同《おや》じ得《と》伎《き》波《は》に　はしきよし　わが背の君を　朝さらず　逢ひて言《こと》問《と》ひ　夕されば　手　携《たづさは》りて　射《い》水《みづ》川　清き可《か》布《ふ》知《ち》に　出で立ちて　わが立ち見れば　……　　（巻十七、四〇〇六）

これは天平十九年（七四七）に大伴家持が越中で詠んだ長歌の一節です。公務によつて上京することになり、親しい部下大伴池主との親交をふりかへつて別れを惜しんでゐます。

和《わ》可《か》由《ゆ》釣る　麻《ま》都《つ》良《ら》の川の　川波の　並《なみ》にし思《も》はば　われ恋ひめやも　　（巻五、八五八）

これは前掲八五九（一一〇ページ）と同じ場面の歌です。あなたに格別の思ひを持つてゐないとしたら、こんなにもあなたを恋しく思ひませうか。また寄つてくださいね。

さて、右に掲げました歌のなかの、久礼奈為、得伎波、可布知、和可由、麻都良について、一つ一つ考へてみませう。

まづ久礼奈為、これは大陸から渡来した藍《あゐ》といふ意味で、「呉《くれ》・の・藍」といふ三つの單語から成る複合語です。「ゐ」はワ行のイ列音ですから、kure-nö-awiとなりますが、そこにö-aといふ母音の連続が生じ、その連続を嫌つて前にある方の母音öが脱落し、その結果kurenawiといふ形になりました。次に得伎波の場合はどうでせうか。この語は「常磐」といふ表記で、いまも町の名とか和菓子屋さんの屋号とかによく見られますね。つまり「常《とこ》・磐《いは》」といふ二つの語から成る複合語で、いつまでも姿を変へない大石といふ意味から、一般に不変のもの、不変のことを指すやうになりました。すなはち原文の「得《と》」が乙類ですから、母音法則Aによつてtökö-iFaとなり、そこにö-iといふ母音の連続が生じ、その連続を嫌つて前にある方の母音öが脱落したのです。その結果としてkiが現れ、原文に甲類の「伎」が書いてあるわけです。町を歩いたり地図を見たりして「常盤」と書いた地名を見たときは、「常磐《ときいは》」を思ひ出してください。その「磐」は大石、巨岩なのですから、基本的に大皿を意味する「盤」を書くことは避けるべきでせうね。さいたま市、奈良市、西宮市、広島市などではいかが。なほ、これまでの表記でFだけを大文字にしてある理由は、紙面に余裕ができたら申しませう（一六一ページ参照）。

次の可布知《かふち》は、川が大きく曲つて流れてゐるときに、その曲つてゐる部分にかこまれる岸辺の土地を意味する語であらうと考へられます。すなはちkaFa-uti（川内）であり、そこにauといふ母音の連続があつて、その連続を嫌つて前にある方の母音aが脱落し、結果としてkaFutiといふ形になりました。ただし、後世には後にある方の母音uが脱落した形（河内《かはち》）として残つてゐます。このやうに見てきますと、和可由が「若・鮎」であり、麻都良が「松・浦」であることは、すでにおわかりでせうね。

waka-ayu ＞ wakayu

matu-ura ＞ matura

この二例においては、連続する二つの母音が同一の母音ですから、どちらが脱落しても同じ結果になりますが、さきの三例のやうに、前にある方の母音が脱落したと考へておきます。一方、左記の歌ではどうでせうか。

信濃《しなの》なる　筑摩《ちぐま》の川の　左射礼思《さざれし》も　君し踏みてば　玉と拾《ひろ》はむ　（巻十四、三四〇〇）

千曲川を渡つて幾度も通《かよ》つてくれる男の素足《すあし》が、その川の小石を踏みます。さうすると、女にとつては、その小石がただの自然物ではなくなりました。男の深い愛情に染められた小石が、宝石として女の手にきらめく趣ですね。この左射礼思は小さな石といふ意味の語で「細《さざれ》・石《いし》」といふ二つの語から成る複合語です。sazare-isiそこにe-iといふ母音の連続があり、その連続を嫌つて今度は後にある方の母音-iが脱落しsazaresiといふ形をとつてゐます。もしここでも前にある方の母音が脱落しましたら、sazarisi となるはずですが、原文には「礼《れ》」が見えてゐます。古代日本語には、このやうに母音の連続を避けようとする強い傾向がありました。

母音が連続したときには、そのどちらかの母音が脱落することが多い。原則として前にある方の母音が脱落するが、ときには後にある方の母音が脱落することもある。

これを母音法則Fと名づけておきます。

助動詞と呼ばれる語群が、いかに大切なものかといふ理由は、すでに四五ページのあたりで申しましたね。その助動詞は古典語のなかにもたくさんあります。さうして、それを活用（語尾変化）といふ側面から眺めてみますと、すべての助動詞が同一の活用をしてゐるのではなく、大小幾つかの群に分類することができます。そのやうな観察を通して、それぞれの助動詞の基本的な意味を明らかにすることができると、わたくしは考へてゐます。その幾つかの群のなかで、最も大きな群はどのやうな群であるのか。それはラ行変格活用（通称ラ変）をする助動詞七語です。この七語は、いづれも上部要素の下に下部要素としてラ変動詞が伴はれて、複合語となつたところに生れてゐます。下部要素としてラ変動詞があればこそ、それがその複合語全体の語尾としてラ変に活用することになります。

断定の助動詞とか指定の助動詞とか呼ばれる「なり」は、「に」（格助詞「に」と同源）の下

に ラ変の動詞「あり」が接続した形です。そこに母音の連続、iの脱落が生じて成立してゐます。

ni-ari > nari

伝聞推定の助動詞と呼ばれる「なり」は、音《おと》といふ意味の名詞「な」あるいは「ね」の下にラ変の動詞「あり」が接続した形です。そこに母音の連続、aあるいはeの脱落が生じて成立してゐます。

na-ari > nari, ne-ari > nari

この二種の「なり」のうち、前者は名詞あるいは名詞に相当する語に接続しますが、後者は活用する語の終止形に接続しますので、その相違、区別を見定めることができます。

完了の助動詞と呼ばれる「たり」は、完了の助動詞「つ」の連用形「て」の下に、ラ変の動詞「あり」が接続した形です。そこに母音の連続、eの脱落が生じて成立しました。

te-ari > tari

断定の助動詞とか指定の助動詞とか呼ばれる「たり」は、「と」（格助詞「と」と同源）の下にラ変の動詞「あり」が接続した形です。そこに母音の連続、öの脱落が生じて成立してゐます。

tö-ari > tari

この二種の「たり」のうち、前者は活用する語の連用形に接続しますが、後者は名詞に接続しますので、その相違、区別を見定めることができます。この後者は平安初期の成立で、主として漢文を訓読する文体に用ゐられました。かうして、ラ変に活用する助動詞七語のうちの四語に、母音法則Fのはたらきを見ることができるのです。

母音法則（G）の話

ラ変に活用する助動詞七語のうちの四語の成立を前節に説明しました。そこで今度は残る三語について、その成立を説明することになります。

石竹花《なでしこ》は　秋咲くものを　君が家の　雪の巖《いはほ》に　左家理家流可母《さけりけるかも》　（巻十九、四二三一）

これは天平勝宝三年（七五一）正月の三日、越中国府の掾《じよう》（三等官）の久米広縄《くめのひろのり》が詠んだ歌です。庭の雪をかき寄せて大岩の形を作り、そこになでしこの造花を飾ったのか。秋と冬を併せた情趣を楽しみ、風流な宴の座興、招かれた客としての挨拶の歌。主賓大伴家持はなでしこが好きな人でした。

その「左家理」といふところに注目してください。そこに動詞「咲く」があることは、すでにお気づきのはずです。これはカ行四段に活用する動詞ですね。カ行、ハ行、マ行の四段活用動詞においては、その已然形は必ず乙類、命令形は必ず甲類です。前掲七七ページの動詞活用表を見てください。そこで、当面の「左家理《さけり》」は「家」が甲類の仮名ですから、已然形ではなくて命令形であることになります。ところが、言ひ切りになるべき命令形のあとに完了助動詞「理《り》」が付いて、語の続き具合から考へて不自然でありますし、またその助動詞「り」の活用はラ行変格活用ですから、それはもともと動詞「あり」の語尾であつたと考へられます。さうしますと、「左家理」といふところは、動詞「咲く」と動詞「あり」とが並んだ複合動詞であつたことになります。さうして、複合動詞の前項は必ず連用形なのですから、ここでは前項「咲く」が連用形「咲き」であり、それに後項の動詞「あり」が接続して「咲きあり」となります。その「咲きあり」が「左家理」の原形であつたわけです。一方、カ行、ハ行、マ行に活用する四段活用動詞においては、その連用形は必ず甲類です。すなはち「咲き」の「き」は甲類です。さうすると、この複合動詞は saki-ari であつて、そこに i-a といふ母音の連続があつたことになります。

この連続する二母音が連続を避け、融合して e といふ一母音を合成したのです。そこでその e が直前の子音 k と結合して、甲類の「け」となりました。そこに現れた「咲け」はたまたま命令形と同一の語形を示したにすぎず、そこに命令の意味はなかつたわけです。要するに、完了存続といふ意味をあらはすとされる助動詞「り」は、もと動詞「あり」の語尾であり、それが四段活用動詞の命令形に相当する形に接続したと見るべきことになるのです。たとへば「思へり」では動詞「思ふ」の命令形に相当する形に「り」が接続し、「頼《たの》めり」では動詞「頼む」の命令形に相当する形に「り」が接続してゐることになります。「り」は命令形に接続すると書いてゐる文献もありますが、これは不正確です。

夢《いめ》の逢《あ》ひは　苦しかり家理《けり》　覚《おどろ》きて　かき探れども　手にも觸れねば　（巻四、七四一）

これは大伴家持が天平十年（七三八）ごろに詠んだ歌です。唐の小説『遊仙窟』の一場面を下敷きにしてゐます。いとしい人と共寝をした夢からさめてみれば、現実にはひとり寝の空しさばかりが身にしみる苦しい夢でした。ここに見える助動詞「家理《けり》」も活用がラ行変格ですから、語尾「り」はもともと動詞「あり」の語尾だつたのであらう、「けり」の中には動詞「あり」が含まれてゐるのだらうと考へることができます。一方、その語幹「家《け》」はすでに見たやうに甲類の「け」keです。そこで、助動詞「り」が複合動詞から生れたことと同様に、助動詞「けり」もまた複合動詞から生れた、カ行変格活用動詞「来《く》」の連用形「来《き》」甲類を前項とし、動詞「あり」を後項とする複合動詞を原形と考へるのです。すなはち、ある動作が行はれて来てゐるといふ意味で、さうだつたのかと気づく意味を含んでゐます。連続した二母音i-aが融合してeを合成してゐます。

ki-ari ＞ keri

これで残るは「めり」だけになりました。

乎《を》久《く》佐《さ》壮子《を》と　乎《を》具《ぐ》佐《さ》助《ずけ》丁《を》と　潮舟《しほふね》の　並べて見れば　乎具佐可《か》知《ち》馬《め》利《り》

（巻十四、三四五〇）

これは古代東海地方の漁村の娘が、求婚してきた二人の男を比較する歌かと思はれます。漁から戻つた船を砂浜に並べるやうに並べてみると、乎具佐さんの方が勝つてゐるやうに見えますよ。乎具佐さんがいいなといふ歌。その末尾に見えるのが助動詞「めり」です。この「めり」は平安時代に確立し、多用された助動詞ですが、奈良時代までの用例はこの東歌の一例だけで、『万葉集』における孤例となつてゐます。しかも、それは活用する語の終止形に接続する助動詞なのですが、この例では「勝つ」の連用形に接続してゐますので、標準形「勝つめり」が東国方言の訛《なま》りとして「勝ちめり」となつてゐるやうです。この「めり」の活用もラ行変格ですから、原形はさきの二例と同じく動詞「あり」を後項とする複合動詞であつたと考へることができます。すなはち、上一段活用動詞「見る」の連用形にラ変動詞「あり」が接続し、そこに生じた母音の連続i-aを避けてeを合成したのでせう。しかじかの事態であるとわたしは見てゐるといふ意味で、助動詞としての名は断定と推量の中間、推定といふ名がふさはしいかと考へられます。

mi-ari ＞ meri

前舌母音iのあとに奥舌母音aが接続したとき、その二母音が融合して前舌母音eを合成することが多い。

これを母音法則Gと名づけておきます。

玉垂《たまだれ》の　小簾《をす》の寸鶏吉《すけき》に　入り通《かよ》ひ来《こ》ね　たらちねの　母が問はさば　風と申さむ

（巻十一、二三六四）

一読して難解の語は「寸鶏吉」でせうが、それでも大体の意味はおわかりかと思ひます。男が戸口から入つてきたら、すぐに母親に気づかれてしまひます。裏手《うらて》の簾《すだれ》をかき分けて入つていらつしやいよ、母親が簾の揺れを聞きとがめたら、風の音ですよと申しませう。大胆な娘の誘ひ、これはこんな意味の旋頭歌《せどうか》（五七七のくりかへし）です。「寸鶏吉」はこのほかに用例がなく『万葉集』における孤例ですが、原文の文字そのものに注目すれば、正確に意味を知ることができます。「寸《す》」はウ列音ですから甲乙の区別がなく、「鶏」および「吉」は甲類です。そこで母音法則Gを参照しますと、「鶏」の母音が前舌eですから、そこにi-aを代入する、逆方向に考へることができます。かうして「すけき」の原形は「すき・あき」suki-akiとして浮び上つてきました。「透き・開き」ですね。動詞「開《あ》く」はカ行四段に活用しますから、その連用形は「き」甲類で、それを「吉」が示してゐるのでした。

母音法則（H）の話

さて次は母音法則Hの話になります。

たまきはる　現《うつ》の限りは　平氣久《たひらけく》　安くもあらむを　事もなく　喪《も》も無くあらむを　世間《よのなか》の　宇計久都良計久《うけくつらけく》　いとのきて　痛き瘡《きず》には　から塩を　灌《そそ》くちふが如く　ますますも　重き馬荷《うまに》に　表荷《うはに》打つと　いふことの如　老いにてある　わが身の上に　病《やまひ》をと　加へてあれば（以下省略）　　（巻五、八九七）

この長歌は山上憶良の作です。誰しも自分の人生が平穏無事であることを願ふのだが、現実には憂《う》いこと辛《つら》いことが多いもので、痛い傷口に塩水をかけるやうに、重い荷を載せられた馬の背にさらに荷を積むやうに、老いたわが身に病を加へてゐるので、と歎いてゐます。そこに

平氣久　宇計久　都良計久

といふ三つの語があり、共通して現れる「けく」といふ形があります。そこで、この三つの語を同類の一群と見てよいかどうかが問題になります。さきにも申しましたやうに、古代語について考へるときには、甲類と乙類とに分れる音韻に常に注意することが必要になります。「く」はウ列音ですから甲乙に分れませんが「け」は分れますね。平氣久の氣は乙類、宇計久の計、

都良計久の計は甲類ですから、この三つの語を同類の一群と見ることはできません。それでは、どのやうに違つてゐるのでせうか。

前節で申しましたやうにi-a > eといふ法則があつたのですから、これを「計久」のところに当てはめますと、ki-aku > kekuといふ変化があつたことになります。そこに出てきた「あく」といふ語は、事とか所とかを意味する名詞であらうとする説が有力で、その独立した用例は残つてゐませんが、動詞「あくがる」(所を離れる意。現代語「あこがれる」に相当する)の中に残つてゐると考へられます。その「あく」は名詞ですから、直前の「き」は形容詞の連体形語尾であり、それは甲類の「き」です。従つて、ki-akuと並んだときには、そこに母音法則Gがはたらいてkekuといふ形が現れ、その「け」が甲類の仮名によつて表記されてゐるわけです。かうして宇計久は憂《う》いこと、都良計久は辛《つら》いことといふ意であることがわかりますし、これが形容詞のク語法と呼ばれてゐることもわかるはずです。

これに対して、現代語にも残る

言はく~iFu-aku > iFaku

思はく~ömöFu-aku > ömöFaku (思惑は宛《あて》字。惑の意味はありません)

老いらく~öyuru-aku > öyuraku (本来は老ゆらくです)

などは動詞の連体形に「あく」が接続し、そこに母音法則Fがはたらいて生じた形です。これが動詞のク語法と呼ばれてゐるのです。ここまでの話で「宇計久」「都良計久」についてはおわかりになつたはずですね。そこで一方の「平氣久」はどうなのか、といふことになります。

それについては、まづは『古事記』の歌に注目します。

倭《やまと》の　此の多氣知《たけち》に　小高《こだか》る　市《いち》の高処《つかさ》　新嘗屋《にひなへや》に　生《お》ひ立てる　葉広　斎《ゆ》つ真椿《まつばき》　（以下省略）

（古事記歌謡、一〇一）

大和のこの高いところにある市よ、小高い市の丘にある新嘗の御殿のそばに生い立っている、葉の広い神聖な椿、

ここに見える「多氣知」は「高いところにある市」といふ意味の語で、そこは物品の交易をはじめ、歌垣《うたがき》（辞書参照のこと）や神宴などのために人が集まるところでした。すなはちtaka-itiだつたのです。さうすると、そこにa-iといふ母音連続が生じ、その連続を避けて二母音が融合し、中舌母音ëを合成しました。a-i ＞ ëといふ変化です。それを乙類の仮名「氣」によつて表記してゐるのです。次に『万葉集』の歌、

名毛伎《なげき》せば　人知りぬべみ　山川《やまがは》の　激《たぎ》つ情《こころ》を　塞《せ》き敢へてあるかも（巻七、一三八三）

谷川の激しい流れのやうな激しい恋心に、なんとか耐へてゐる人の歌。思ひがあふれて溜息《ため》を

ついたら、すぐに人に見破られます。

溜息は普通の呼吸ではありませんね。時間的に長い呼吸です。すなはち長息《ながいき》naga-iki です。さうすると、そこに a-i といふ母音連続が生じ、その連続を避けて二母音が融合し、中舌母音 ë を合成しました。それを乙類の仮名「毛《げ》」によつて表記してゐます。ここにも a-i ＞ë といふ変化がありました。

そこで、これを「平氣久」に当てはめて考へてみませう。「氣」は乙類、その母音は中舌 ë、taFirakëku、そこでその ë に a-i を代入して（逆方向に考へて）みますと taFiraka-i-ku となり、そこにたひらかといふ語が浮び上つてきます。この「たひらけく」といふ語になじみが浅くても、それとよく似た「たひらか」であれば、現代日本語としても一般的であらうと思ひます。この「たひらか」は「か」で終る名詞で、同類には

かそか（かすか）、さやか、しづか、たしか、はるか、ゆたか、あきらか、はなやか、つばらか、

などがあります。この一群の語には物事の状態をあらはす意味があつて、形状的体言と呼ばれることもあり、これが形容詞になるときには、その語末の「か」が「け」乙類に変ります。その間の事情を考へてみませう。この一群は名詞ではあつても名詞としての独立性に乏しく、専

ら「に」を伴ふ連用法と

群鳥《むらとり》の　朝立ち往《い》にし　君が上は　左夜加尒《さやかに》聞きつ　思ひしごとく（巻二十、四四七四）

「なる」を伴ふ連体法とに限つて現れます。

慥《たしかなる》　使を無みと　情《こころ》をそ　使に遣りし　夢《いめ》に見えきや（巻十二、二八七四）

そこで、この形状的体言が形容詞を派生するときには、それが安定剤に相当する助詞「い」を伴つて安定した形をとつたのちに、形容詞語尾（く、し、き）を付着させたのであらうとわたくしは考へてゐます。

taFiraka-i-ku > taFirakëku（平らけく）
yutaka-i-si > yutakësi（豊けし）
sayaka-i-ki > sayakëki（清けき）

すなはち、そこに生じたa-iといふ母音連続を避けて、それが融合して中舌母音ëを合成したのです。ここに登場した安定剤的な助詞「い」について申し添へますと、これは

枚方《ひらかた》ゆ　笛吹き上《のぼ》る　近江《あふみ》のや　毛野《けな》の若子伊《わくごい》　笛吹き上る（日本書紀歌謡、九八）

否《いな》と言へど　語れ語れと　詔《の》らせこそ　志斐伊《しひい》は奏《まを》せ　強語《しひがたり》と詔る（巻三、二三七）

百済王《くだらのこにきし》　敬福《きようふく》伊《い》部内《くにのうち》の少田郡《をだのこほり》に黄金《くがね》在りと奏《まを》して献れり（続《しよく》日本紀宣命《にほんぎせんみよう》第十二）

などの用例のやうに、多く主格を示す語として、その主格（右の例では若子、志斐、敬福）を明示し、補強し、安定させるためにはたらきました。平安時代に入っては、主として法相宗関係の佛典を訓読するときに用ゐられたと言はれます。はやく衰亡して、現代語に残る用例としては、「あるいは」を見るばかりです。

現代の自然科学は、その一面において人の心や体をむしばみながら、驚くべき発達を示しました。夜空を渡る月は、『釈迦本生譚』や『竹取物語』、また後世には良寛の長歌「月の兎」に、あはれにもまた美しい物語の世界のものとして、あるいは恋の鏡に見立てられて、愛人の面影を宿すべき歌の世界のものとして、古代以来の文藝の夜空に輝いてきましたのに、それは遂に宇宙飛行士の靴に踏まれるものとなり、その靴が捲き上げる砂塵をも、テレビの画面に見ることができるやうになりました。兎もゐない、かぐや姫もゐない、月宮殿も見えない月の面にも海があります。十七世紀の初期に、月を望遠鏡で観測してゐた天文学者たちは、月の表面に見える薄黒い部分を海と誤認して、それに「晴《はれ》の海」「雨《あめ》の海」「雲《くも》の海」「静寂《せいじやく》の海」さらには「豊饒《ほうじよう》の海」などと名づけたさうです。かうした名称はもとより外国語からの翻訳ではありますが、その静寂とか豊饒とかは、どうもむづかしい言葉であつたらしく、いつの間にか、誰によつてか、「静寂の海」は「静かの海」になり、「豊饒の海」は「豊かの海」になつてしまひました。ところが、母国語に対して健全な感覚を具へてゐる人にとつては、この言ひかへは落着かず、一種の違和感をおぼえるものでした。

　あの『奥の細道』にも

　　閑《しづか》さや岩にしみ入《いる》蟬の聲《こゑ》

　と言つてゐる。なぜかは知らないが、しづかのうみでは落着かないよ。

と言ふ人がゐました。「しづか」がもともと名詞としての独立性に乏しい形状的体言であり、不安定な語形であつたからです。古代語では形容詞「しづけ（乙類）し」（巻三、三八八）があり、それはいまも『讃美歌』三一三番に、

　　主よ　さわがしき　世のちまたに
　　われを忘れて　勤《いそ》しむ間《ま》も
　　小《ち》さき御聲《みこゑ》を　聞きわけ得《う》る
　　しづけき心　あたへ給へ

と見えてゐます。

　本節は長い話になりましたが、あと一つ書いておきたいことがあります。それは、さきに「ふねとふな」といふ節で書いたことにかかはりますので、それを参照してくださいますやう

に。二九ページのあたりですよ。そこに示しましたやうに、雨（あめ）、酒（さけ）、影（かげ）などの語は独立形、これに対する非独立形として雨（あま）、酒（さか）、影（かが）があります。ここで注目すべきことは、「あめ」の「め」、「さけ」の「け」、「かげ」の「げ」が、いづれも乙類であること、すなはち、

ama〜amë, saka〜sakë, kaga〜kagë

のやうに、母音aと母音ëとが交替して、非独立形と独立形との区別が明示されてゐることです。かうした区別はまだほかにもいろいろとありますので、右の三例に加へてさらに八例を掲げておきます。

竹（たか・たけ　taka〜takë）
若（わか・わけ　waka〜wakë）
菅（すが・すげ　suga〜sugë）
苗（なは・なへ　naFa〜naFë）
上（うは・うへ　uFa〜uFë）
天（あま・あめ　ama〜amë）
爪（つま・つめ　tuma〜tumë）

目（ま・め　ma〜më）

母音aで終る非独立形（これを被覆形《ひふくけい》と呼ぶことがあります）と母音ëで終る独立形（これを露出形《ろしゅつけい》と呼ぶことがあります）とを、母音法則D、Eと同様に、母音交替の関係にあると見ることもできるかもしれません。しかし、また一方において、不安定な語形を安定させる助詞iがはたらいて、独立しない被覆形を露出形として独立させ、安定させた関係にあると見ることもできませう。さうすればこれもまたa-i＞ëといふ変化の一種であることになります。

　母音aのあとに前舌母音・iが連続したとき、その二母音が融合して、中舌母音ëを合成することが多い。

これを母音法則Hと名づけておきます。天武天皇の第一皇子高市皇子は「たけちのみこ」、万葉の歌人高市黒人は「たけちのくろひと」ですね。

　古代語の母音を追ひかけて、今度は法則Iの話、法則Jの話になります。

母音法則（ＩＪ）の話

神風《かむかぜ》の　伊勢の海の　意斐志《おひし》に　這《は》ひ廻《もとほ》ろふ　細螺《しただみ》の　い這ひ廻り　討《う》ちてし止まむ

（古事記歌謡、一三）

これは『古事記』の神武天皇の物語に出る歌で、伊勢の海の意斐志といふものにびつしりと取りついてゐる細螺（小さな巻貝）のやうに、我々も敵を取りかこんで最後まで討ちほろぼさうと言つてゐます。この意斐志の意味が不明瞭ですね。『古事記』と『日本書紀』には同様の話がしばしば重複しますので、そこに含まれる歌も同様になります。そのやうなことが三十数例もあつてこれはその一例なのです。すなはち、右の歌とほぼ同様の歌が『日本書紀』歌謡八にあり、そこでは意斐志に相当するところが「於《お》費《ほ》異《い》之《し》」となつてゐます。これで「伊勢の海の大石に」といふことになり、歌の意味がよく通ることになります。この「意斐志」と「於費異之」とを比較しますと、「お」が共通し「し」も共通してそれぞれ対応してゐますので、「斐《ひ》」に対応するところが「費《ほ》異《い》」であるわけです。單独の母音「お」は中舌öであると推定されますので、法則Aによつて「ほ」は乙類Föに相当してゐることになります。一方「斐」は乙類ですね。そこで「大石」は öFö-isi ＞ öFïsi となり、連続する母音 ö-i が融合して、中舌母音ïを合成してゐることがわかるのです。

> 中舌母音öのあとに前舌母音・iが連続したとき、その二母音が融合して、中舌母音ïを合成することが多い。

これを母音法則Ⅰと名づけておきます。この話の続きとして、火《ほ》のこと、木《こ》のことも詳しく書かうかと思つたのですが、それはさきに「ふねとふな」の節に一言してゐますので、そこ（三一ページ）を参照していただきませう。ここでは簡單に補足します。

さねさし　相模《さがむ》の小野に　もゆる肥《ひ》の　本那迦《ほなか》に立ちて　問ひし君はも

（古事記歌謡、二四）

これは物語歌謡としては、倭建命《やまとたけるのみこと》の后弟橘比賣命《おとたちばなひめのみこと》の歌とされてゐます。しかし、もとの独立歌謡としては、若い男女が人目を避けて草深い野の中で逢つてゐたところ、野焼きの火が迫つてきました。そのとき一人で逃げずに女の身を気づかつた男の愛情を、のちに女が回想した歌であると思ひます。

複合語「本那迦《ほなか》」（火中《ほなか》）の前項は、非独立形（被覆形）であり、乙類に相当する「ほ」ですが、独立形（露出形）としては「ひ」乙類になります。右の歌の「肥」がそれですね。ここにも、さきに申しましたやうに、安定剤的な助詞「い」が非独立形に接続して、独立形が生れてゐると考へることができます。

Fö-i ＞ Fï

五十音図の最下段、オ段音（オ列音）においては、ア行のö、ワ行のwoを除くと、甲類乙類に分れない音韻は、ハ行の「ほ」だけですが、かうして大《おほ》（öFö）、火《ほ》（Fö）などの例を見ますと、文献以前の原始日本語においては、「ほ」にも甲類乙類の区別があつたのではないかと推定されるのです。

君が行き　け長くなりぬ　奈良路《ならぢ》なる　山斎《しま》の己太知《こだち》も　神《かむ》さびにけり（巻五、八六七）

これは天平二年（七三〇）七月、奈良の吉田宜《よろし》から大宰府にあつた大伴旅人に贈られた歌です。親しい友が早く帰京して再会する日を待ち望む思ひ、それをその邸宅の木立《こだち》の繁茂に託してゐます。ここに見える複合語「己太知」は木立の意で、その前項は非独立形、被覆形として乙類の己《こ》が書かれてゐますが、独立形、露出形は、左記の歌のやうに乙類の「紀」になつてゐます。

言問《ことど》はぬ　紀《き》にもありとも　わが夫子《せこ》が　手馴《たな》れの御琴《みこと》　地《つち》に置かめやも

（巻五、八一二）

これは天平元年（七二九）十一月、藤原房前《ふぢはらのふささき》が大伴旅人から愛用の琴を贈られたときの返礼の歌です。御愛用の琴をただの木とは思はず、大切にいたしませう、と言つてゐます。ここでも、非独立形köが安定剤的な助詞「い」を伴ふことによつて、安定した独立形kïとなつてゐることを知るのです。　kö-i ＞ kï

いよいよ最後になりました。母音法則Jの話です。

雪の上に　照れる都久欲《つくよ》に　梅の花　折りて贈らむ　愛《は》しき兒《こ》もがも

（巻十八、四一三四）

これは天平勝宝元年（七四九）十二月、大伴家持が越中で詠んだ歌です。宴席における座興の歌ではありますが、日本文学において、はじめて雪月花の取合せが登場した歌として記念すべき作品になつてゐます。この歌に見える「都久欲《つくよ》」は「月夜」といふ意味ですから、都久は複合語の前項にあたりますが、それを「つき」と言はずに「つく」と言つてゐることがわかります。その一方、

都奇《つき》待ちて　家には行かむ　わが挿《さ》せる　あから橘　影に見えつつ（巻十八、四〇六〇）

これは元正天皇が左大臣橘諸兄《たちばなのもろえ》の邸で宴を催したときに、粟田女王《あはたのひめみこ》が詠んだ歌です。古代の夜は暗く、月が出てゐなければ、奈良の都も闇なのです。そこで、宴が果てて夜道を帰るときも、月の出を待つてと言つてゐるのです。その月を意味する原文「都奇《つき》」の「奇」は乙類ですし、ここでは月が複合語の前項ではなくて独立形ですね。すなはち、月は独立語としては語形が「つき」であつて、その「き」は乙類、複合語の前項としては語形が「つく」であることになります。ここでも、非独立形「つく」が安定剤としての助詞「い」のはたらきによつて、安定した独立形「つき」になつてゐると考へることができます。

tuku-i ＞ tukï

次に、さきほどの「君が行き」の歌を見てください。その第五句「神（原文可牟）さびにけり」に注目しませう。この「さび」は体言（名詞）に付いてバ行上二段活用の動詞をつくる接尾語「さぶ」の連用形、意味はいかにもそのものらしい言動、状態を示すといふことです。ここでは神を意味する「可牟《かむ》」と複合した形になつてゐますから、いかにも神らしい状態を示す意味になり、樹木が深々と繁り立つて人に神秘的な印象を与へることを表現してゐるのです。その「神」が複合語の前項にあつて、それが「かみ」ではなくて「可牟《かむ》」と書かれてゐます。

帯日《たらしひ》賣《め》　可尾《かみ》の命《みこと》の　（巻五、八六九）

海神《わたつみ》の　可味《かみ》の命《みこと》の　（巻十九、四二二〇）

右の二例に見える「可尾」「可味」は「神」といふ意味の独立語で、その尾、味は乙類です。さうすると「神」といふ意味の語は、独立語としては語形が「かみ」であつて、その「み」は乙類、複合語の前項にある非独立形は語形が「かむ」であることになります。さきに出てゐた「加牟加是（神風）の伊勢の海の（古事記歌謡一三）」も、非独立形の例になります。すでにおわかりかと思ひますが、ここでも非独立形 kamu が安定剤としての助詞「い」を伴つて、安定した独立形 kamï となつてゐると考へることができます。

kamu-i ＞ kamï

母音uのあとに前舌母音iが連続したとき、その二母音が融合して中舌母音ïを合成する
　ことが多い。
これを母音法則Jと名づけておきます。
『日本書紀』斉明天皇二年（六五六）の条に「田身嶺に冠《かうぶ》らしむるに周《めぐ》れる垣を以てす」といふ記事があり、その注記に「田身は山の名なり。此《これ》をば大務《たむ》と云ふ」と書いてあります。さうしますと田身すなはち大務ですから、この山の名は「たみ」ではなくて「たむ」であることがわかります。また、その「たむ」が複合語の前項であり、そこに見える「身」といふ文字は「む」といふ非独立形を示してゐたことになります。その「身《む》」といふ非独立形に対する独立形、それが現代語にもはたらく「身《み》の上話」「身《み》から出た錆《さび》」などの「身《み》」であり、古代語では

　かく恋ひば　老《おい》づく安我未《あがみ》　けだし堪《あ》へむかも　（巻十九、四二二〇）

　いやしき阿何微《あがみ》　また変若《を》ちぬべし　（巻五、八四八）

などの「安我未」「阿何微」は共に「我《あ》が身《み》」の意で、その未、微は乙類です。ここでも非独立形muが安定剤としての助詞「い」を伴つて、安定した独立形mïとなつてゐると考へられます。

現代人には耳慣れない語になりましたが、「むかはり」は「身代《むかは》り」の意で人質のこと、「むくろ」は「身幹《むくろ》」の意で死骸のこと、「むざね」は「身実《むざね》」の意で正体のこと。かうした複合語

もあつて、その非独立形「む」に対応する独立形が「み」乙類だつたのです。mu-i > mï

情意性の形容詞

皆さんは形容詞と呼ばれる語群があることを御存じですね。古典語には、物事のありさま、物事の状態をあらはす「重《おも》し」「強し」「遠し」などの語群と、心情のありさま、心情の状態をあらはす「はづかし」「よろし」「をかし」などの語群があります。言ひかへますと、形容詞といふ語群は、「重し」「強し」「遠し」などの状態性形容詞と、「はづかし」「よろし」「をかし」などの情意性形容詞とに大別することができます。さうして、この二つの語群には、状態性と情意性といふ意味上の対立があるだけではなく、そのほかに語形上の対立もあります。すなはち、活用、語形変化における対立です。

現代語においては、形容詞の活用は一種類になつてゐますが、古典語においては、ク活用、シク活用と呼ばれる二種類の活用がありました。この、意味上の対立と語形上の対立との間には深い関係があり、基本的には、多くはひろい意味の名詞（たとへば前述～一三四ページ参照～の形状的体言を含む）から派生したと考へられる状態性形容詞が、ク活用と呼ばれる語形変化を示すのに対して、多くは動詞から派生したと考へられる情意性形容詞が、シク活用と呼ばれる語形変化を示してゐるのです。たとへば、連用形といふ活用形では、状態性（名詞系）形容詞は、「重く」「強く」「遠く」のやうに「く」といふ語尾を伴ひますが、情意性（動詞系）形容詞では「はづかしく」「よろしく」「をかしく」のやうに「しく」といふ語尾を伴つて、「はづかく」「よろく」「をかく」などとは申しません。

また、連体形といふ活用形では、状態性（名詞系）形容詞は「重き」「強き」「遠き」のやうに「き（甲類）」といふ語尾を伴ひますが、情意性（動詞系）形容詞では「はづかしき」「よろしき」「をかしき」のやうに「しき（甲類）」といふ語尾を伴つて、「はづかき」「よろき」「をかき」などとは申しません。

そこで、この両者を比較しますと、一方には語尾に「く」「き」のやうに「し」が見えませんのに、他方には「しく」「しき」のやうに「し」が見えてゐまして、この語形上の相違が、意味上の相違（状態性と情意性）に深くかかはることを知るのです。

終止形だけを見ますと、一方は「重し」「強し」「遠し」であり、他方は「はづかし」「よろし」「をかし」であつて、どちらにも「し」が見えます。しかし、連用形、連体形になりますと、一方には「し」が無く、他方には「し」が有りますので、この「し」の有無こそが、形容詞を二つの語群に大別すべき重要な指標となつてゐます。

また、その終止形に見える「し」といふ語尾は、状態性（名詞系、ク活用）形容詞にも情意性（動詞系、シク活用）形容詞にも共通に見えてゐますので、それを同一の語であるとつい考へたくもなりますね。しかし、もしそのやうに考へますと、物事の状態をあらはす一群と、情意をあらはす一群との間の、意味上の大差を示すための指標が見えにくくなつてしまひます。結論的に申しますと、この二つの「し」は全く意味を異にする別々の語です。すなはち、状態性形容詞の終止形に見える「し」は、物事がある状態として存在することを指示する語であるのに対して、情意性形容詞の終止形に見える「し」は、ある物事について心に生じた状態を主情的な欲求として示す語であつたのです。

さて、そこで「はづかし」といふ情意性形容詞を詳しく観察し、その基本的な意味、語源などについて考へます。その後に「よろし」にも「をかし」にも言及しようと考へてゐます。情意性形容詞といふ語群は、どのやうにして日本語のなかに発生したのでせうか。

さて、シク活用形容詞「はづかし」の用例を古代語のなかに探しますと、『続日本紀《しよくにほんぎ》』の宣《せん》命《みよう》にこんな例があります。

愧美　はづかしみ（第五詔）

辱弥　はづかしみ（第二十六詔）

ここでは愧を「はづかし」と読ませ、辱をも「はづかし」と読ませてゐますが、それが伴つてゐる「み」といふ接尾辞は、ク活用形容詞にはその語幹に付き、

采女《うねめ》の　袖吹きかへす　明日香風　都を遠み　いたづらに吹く　（万葉集巻一、五一）

シク活用形容詞にはその終止形に付きますので、右の用例のやうに「はづかしみ」となります。

『古事記』でも、恥、慚、怍などの漢字を形容詞「はづかし」に宛ててゐます。

そこですぐに連想されることは、「はづ」といふ動詞（ダ行上二段活用、現代語では「はぢる」ですね）があることですし、また、その連用形が名詞「はぢ」としてもはたらくことです。その名詞「はぢ」と形容詞「はづかし」との間に、なにか密接な関係があるのではないか、ということです。

しかし、右に申しましたやうに、動詞「はづ」の連用形は名詞「はぢ」としてもはたらきますが、

山守《やまもり》の　ありける知らに　その山に　標結《しめゆ》ひ立てて　結ひの辱《はぢ》しつ　（万葉集巻三、四〇一）

その名詞「はぢ」が語尾「し」を伴つて、名詞系形容詞「はぢし」となることなく、終止形「はづ」が「かし」といふ語尾を伴つた形として、必ず「はづかし」といふ形になつてゐることに留意しなければなりません。右は、好青年を見かけて、わたしの娘を妻になさつてはいか

がと申し出たところ、相手にはすでに定まつた人がゐたので恥をかきました、といふ母親の歌です。ここで注目されるのは左記の歌です。

里人《さとびと》の　見る目波豆可之《はづかし》　左夫流兒《さぶるこ》に　さどはす君が　宮出後姿《みやでしりぶり》

（万葉集巻十八、四一〇八）

これはさきに掲げました歌（一〇八ページ）と共に、一連の状況のもとに詠まれてゐる歌です。天平感宝元年（七四九）五月のこと、越中守大伴家持の部下（書記官）尾張少咋《をはりのをくひ》は遊行女婦《うかれめ》左夫流兒の色香に迷ひ、その家に入浸つて、遂にはそこから国府に出勤するやうになりました。その崩れた後姿が里人の目にさらされ、非難のまなざしは監督責任者家持にも向けられたのでせう。そのときの、人目を避けて物蔭に隠れたくなるやうな気持を、家持は「はづかし」と言ひました。これはまさに動詞系の情意性シク活用形容詞「はづかし」の終止形として、十分に確実な用例となつてゐます。

問題はこの「はづかし」の「か」にあります。「か」はどこから出てきて「はづ」に付いて「はづか」となつたのか、さらに「し」を伴つて「はづかし」となつてゐるのか。この点を明らかにしない限りは、「はづかし」と「はぢ」とを結びつけて、「はづかし」の語源を「はぢ」であると言ふことはできないのです。「はづかし」と「はぢ」とは意味の上ではたしかに関係がありさうに見えるのですが、「か」の正体を明らかにするために、わたくしは敢へてこれを切離して考へてみることにしました。言ひかへれば、「はづかし」の「はづ」に恥といふ意味を認めないことにしたらどうか、と考へました。さらに「は」と「づ」とを切離して考へてみようと思ひました。

そこでまづ古典語のなかに「は」を探しますと、すぐに思ひあたるのが歯《は》であり、葉《は》であり、また羽《は》です。しかし、この三語は形容詞「はづかし」とは縁がないと思ひますね。それならば端《は》はどうか。その端に動詞「つく」が伴はれて「端つく」となれば、場面の中央部にゐるのではなく「はた」「へり」の部分に接着してゐることになり、そのことの情意的表現として、「はづかし」は「端《は》に付いてゐたいやうな気持」をあらはすと考へられます。「はつく」といふ動詞自体の用例は見当りませんが、「端つく」と同様の語構成は「辺《へ》つく」にも認められます。

鯨魚《いさな》取り　淡海《あふみ》の海を　沖放《さ》けて　漕ぎくる船　辺つきて　漕ぎくる船

（万葉集巻二、一五三）

岸辺について漕いでくる船よ、といふ意味です。「端つく」からは「はつかし」が生れるはずで、「はづかし（波豆可之）」とは違ふのではないかと思はれるかもしれません。しかし「はづかし」は「は」と「つく」とが連接したときに、清音「つ」が濁音化した形であると認められます。このやうに二つの語が連接したときに、後に位置する語の頭の清音が濁音化する現象があり、それを連濁《れんだく》と言つて、古代から現代に至るまで、かぞへ切れないほどの多数の例があります。皆さん、どうぞ思ひ出してください。あをがへる（青蛙）、いしがき（石垣）、きづかひ（気遣）、はなぢ（鼻血）……さうですね。前掲の家持の歌においても、「里《さと》・人《ひと》、左刀妣等《さとびと》」といふ例があり、妣は濁音ビ甲類を示す万葉仮名、また「後《しり》・姿《ふり》、之理夫利《しりぶり》」といふ例もあつて、夫はフの濁音ブを示す万葉仮名です。

ここに形容詞「はづかし」の話を閉ぢるにあたり、さきに申しましたことをふりかへりながら、さらに一歩を進めておきたいと思ひます。情意性形容詞の終止形に見える「し」が、ある物事について心に生じた状態を主情的な欲求として示す語であることを、さきに申しました。それを具体的に申しますと、その「し」は本来の形が「あし」であり、それが動詞の終止形に付きます。さうすると、そこに母音の連続が生じ、前にある方の母音uが脱落し（一二四ページ、母音法則F）、動詞の語尾がア列音に変つて、それに「し」が付いた形の形容詞になるのだ、とわたくしは考へてゐます。

Fa-tuku-asi ＞ Fadukasi（愧）

kuyu-asi ＞ kuyasi（悔）

kanu-asi　＞　kanasi（悲）

この接尾辞「あし」がはたらくことによつて情意性動詞系形容詞が確立したらしく、「はづかし」は「端に付きたい」を原義（もとの意味）として「人目を避けて端の方に寄りたい、人に見られないやうに片隅に身を寄せたい」といふ心の状態をあらはす形容詞になつたのだと考へることができます。その連用形は終止形に語尾「く」が付いて「はづかしく」となり、連体形は終止形に語尾「き（甲類）」が付いて「はづかしき」となり、さらに已然形「け（甲類）れ」は連体形に動詞「あり」の已然形「あれ」が付いて「はづかしけれ」として成立したはずです。

（一三〇ページ、母音法則G）

Fadukasiki-are　＞　Fadukasikere

この接尾語「あし」について詳しく知りたいと思はれる方々には、小著『形容詞助動詞の研究』（一九九二、和泉書院）を参照してくださることをお願ひして、ここでは詳細を省略させていただきました。おゆるしください。

平安時代の物語や日記にしばしば現れる「はづかし」の用例も、この原義を念頭に置くことによつて、一段とよく理解することができると思ひます。すなはち、相手があまりにも立派に見えたり美しく見えたりするので、こちらが気おくれして小さくなつてしまふことを「はづかし」と言つてゐます。そのやうな相手は「はづかしき人」だつたのです。それは「はづかし」の原義が持つてゐる意味上の気質に、しつかりとつながつてゐると思ひます。

現代語においてもよく用ゐられる「よろしい」といふ形容詞は、古代語においてどのやうに成立して「よろし」となつたのでせう。その「よろし」の語源について考へます。順序としてまづ「よろし」の活用を見ますと、それはシク活用で、「よろしく」とは言ひますが「よろく」とは言ひませんね。そこで、これも「はづかし」と同様に、動詞系の情意性形容詞であることになります。その動詞とはどのやうな動詞か。それは「寄る」のほかには考へることができません。

淡路島　いや二並《ふたなら》び　小豆島《あづきしま》　いや二並び　豫呂辞枳《よろしき》島々　（日本書紀歌謡、四〇）

淡路島と小豆島が並んでゐる様子は、あたかも相愛の男女が仲むつまじく並んでゐる様子にも似て、こちらの心が寄つてゆきたくなるやうな好ましい状態だと言ふのです。右の例「よろしき」は「よろし」の連体形の例で、豫は乙類、呂も乙類、枳は甲類ですね。形容詞の連体形語尾「き」はすべて甲類です。その、「よろし」は動詞「寄る」からどのやうにして派生したのでせうか。それは「よろし」といふ形になる一つ前の段階を考へることによつて明らかになります。

みつみつし　久米《くめ》の子《こ》らが　頭椎《くぶつつ》い　石椎《いしつつ》いもち　いま撃《う》たば余良斯《よらし》

（古事記歌謡、一〇）

これは神武天皇の伝承に出てくる歌です。神武天皇が忍坂《おさか》の大室《おほむろ》といふところで八十建《やそたける》を討伐するときに、いま攻めたらうまく行くぞと兵士たちをはげましてゐます。すなはち、いま八十建を攻めたら、こちらの心が寄つて行きたくなるやうな満足すべき状態（撃破）だと言ふのです。原文「余」は「豫」と同じく乙類ですね。そこに

yöru-asi　＞　yörasi　＞　yörösi

といふ母音の脱落、交替（一二四ページ、一一五ページ、母音法則ＦＤ）があり、形容詞「よろし」は「よらし」の母音交替形で、動詞「寄る」から派生した動詞系情意性の形容詞であることがわかります。動詞「寄る」の終止形に「あし」が伴はれてゐるのです。どうぞよろしく御承知おきください。

次に、これも現代語においてよく用ゐられる形容詞「をかしい」の話をします。これを現代の表音式かなづかひによつて「おかしい」と書きますと、どれほど睨んでゐても、どれほど眺

めてゐても、その語源をたづねることはできません。古典語「をかし」について考へるにあたり、順序としてその活用（語形の変化）を見ますと、「をかし」とは言ひますが「をかく」とは言ひませんから、活用はシク活用であることがわかります。そこでこれも「はづかし」「よろし」と同様、動詞系の情意性形容詞であることになります。その動詞とはどのやうな動詞か。それは「招」といふ漢字があたる「をく」のほかには考へることができません。置《お》くではありません。

正月《むつき》たち　春の来《きた》らば　斯《か》くしこそ　梅を乎岐《をき》つつ　楽しき終《を》へめ　（巻五、八一五）

これは天平二年（七三〇）、大宰府における宴の歌です。すばらしい梅の花を招き寄せて楽しみを極めようと言つてゐます。また、

月立ちし　日より乎伎《をき》つつ　うち慕《しの》ひ　待てど来鳴《きな》かぬ　霍公鳥《ほととぎす》かも　（巻十九、四一九六）

これは天平勝宝二年（七五〇）四月、越中国司大伴家持が詠んだ歌です。月が立つて四月になつた日から、心の中に霍公鳥を招いてゐたのに、と言つてゐます。

このやうに動詞「をく」の例は万葉集に見えますが、そこから派生したはずの形容詞「をかし」はまだ見当りません。しかし、「をかし」はすでに平安時代前期からその例が見えはじめ、

好ましいものを手もとに招き寄せて愛賞したいといふ意味の情意性形容詞として、はやく成立してゐたと考へられます。

woku-asi　＞　wokasi

すなはち、動詞「をく」の終止形に情意性接辞「あし」が付き、そこに母音の脱落（一二四ページ、母音法則F）が生じて成立したと考へることができます。

たましひは　をかしきことも　なかりけり　よろづのものは　からにぞありける

（大和物語、八九段）

右馬頭《うまのかみ》といふ男が修理君《すりのきみ》といふ愛人のもとから帰つて、心だけはあなたのところに置いてきたよといふ歌を贈りました。これはその男に答へた歌で、すべて実物に意味があるのですから、心だけ残されても、それを引きよせて抱きついてみたいやうな気分にはなりません、といふ返歌です。

その後「をかし」は急速に展開したらしく、やがて『枕草子』を頂点として、趣がある、おもしろみがある、美しい、かはいい、などの意味にも用ゐられました。ところが、おもしろみがあるものの中には、滑稽で笑ふべきものもあり、人に奇異の感を与へるものもありますので、後世にはそこから、滑稽だ、笑ふべきだ、不審だ、などの意味をも派生しました。かうして

「をかし」は動詞系情意性のシク活用形容詞として成立して以来、現代にも及んで活躍する長命を見せてゐます。

一方には、その語源を名詞「愚《をこ》」に求めようとする説もありますが、それは語意・語形の両面において大きな無理があるやうです。なによりも「をこ」が持つてゐる意味の気質が、動詞「をく」から派生したと考へるべき「をかし」の気質に、ほとんどつながらないからです。意味の気質に連続性が見られるかどうかといふこと、これは極めて大切なことだと思ひます。

好ましい物事にこちらから近寄りたいといふ心情と、好ましい物事をこちらに引きよせたいといふ心情とは、世の人の心の常でありながらも対照的であつて、それがこの逆方向双方向を意味する形容詞「よろし」と「をかし」とに現れてゐることは、本当に興味深いことです。

日本語における形容詞の成立といふ問題に興味をお持ちになる方々には、大野晋『日本語をさかのぼる』（岩波新書）の七三ページ前後、補註8、および大野晋『日本語の文法を考える』（岩波新書）の九三ページ前後、註17などを参照してくださるやうにお勧めして、随想風日本語論とも言ふべき本書『日本語の泉』を閉ぢます。

パリを流れるセーヌ川の源流といふものをテレビの画面に見たことがあります。それは野中を流れる小川でした。その水源は綺麗な水が湧く泉でした。

むすび

日本語の泉といふ遠い目標に向つて、あちらこちら寄り道をしながら進みましたが、結局のところは魏志倭人伝まで来て、行き止りになりました。止むなく七世紀、八世紀の文献まで後戻りをして、そこまでの道を踏み固めておいたのです。

古代日本語について御紹介すべきことは、まだまだたくさんあります。しかし、わたくしが念願してきた一仕事、日本語について世間の皆様があまり御存じではないやうなことを、努めてわかりやすく、簡明に書いてみようといふ一仕事は、この程度で終つてもよからうかと思ふやうになりました。

かうした小さな一冊の本ではありますが、これによつて古代日本語の精妙な美しさ、整然とした姿を、幾らかはお見せすることができたのではありますまいか。この小さな一冊の本によつて、日本語に対する認識をあらたにしてくださつた人が多ければ、それはわたくしにとつて大きな喜びです。また、日本語を愛護しようといふ思ひを一段と深くしてくださつた人が多ければ、これもわたくしにとつて大きな幸ひです。

本書の筆を執るにあたり、諸先輩の学恩を受けたところも多いのですが、敢へてその注記を省きました。お詫びしながらお礼を申し上げます。本書が世に迎へられ、国語国文学の専門家を除く老若男女《ろうにやくなんによ》、多数の人々の教養のためにお役に立つことを願つてゐます。

恐れ入りますが私事一言、わたくしの親は二人とも九十歳までこの世に在りました。そこで、神様には無断で、わたくしも同様と勝手に決めてゐます。さうするとあと十年、これをあと十年もあると考へるべきか、それとも、あと十年しかないと考へるべきか、むづかしいところです。しかし、とにもかくにもこれからの十年を費すべき仕事、會津八一作歌全注といふ大きな仕事に立ち向はうとしてゐます。

會津八一にかかはる小著について、かつてある人は、これは小さくて軽い本であるが、内容は大きくて重い本である、といふ批評を寄せてくださいました。いまは亡きその人は、本書についても同様の批評をしてくださるのかどうか。刊行の日が近づくにつれて、本書をその御霊前に捧呈したい思ひを深くしてゐます。

このたびの出版にあたり、和泉書院社長廣橋研三氏をはじめとする関係各位にお礼を申し上げます。また、本書の題簽を秋艸道人會津八一の墨蹟から集字してくださつたむかしの教へ子森川博之君（大阪府立北野高等学校第六十八期生）にお礼を申し上げます。


先師五味智英いまさば白寿の日、二〇〇七年十一月三十日

著者しるす

余白を使つて少し追加します。神戸市東灘区岡本の北山、標高一八五メートルの中腹に保久良《ほくら》神社があります。この保久良といふ名は万葉仮名（音仮名）で書かれてゐますが、ほ（火《ひ》の非独立形）とくら（座）が並んだ複合語です。そこに設けられた灯台が古代の夜空に輝いて、難波《なには》から明石にひろがる海をゆく船の、大切な道しるべとなつてゐました。後世には「灘《なだ》の一《ひと》つ火《び》」と呼ばれたのです。本書三一ページ、一四一ページ参照のこと。

五十音図のハ行の子音は、文献以前の古代においてはpであつたと推定されてゐます。それが徐々にFに移り、さらに近世、江戸時代以後は、hに移つて現代に及んでゐます。英語のfは唇歯音《しんしおん》と呼ばれ、下の唇と上の歯によつて発音されますが、日本古典語におけるハ行子音は両唇音《りようしんおん》と呼ばれ、上下の唇によつて発音されました。そこで、ハ行の子音をローマ字で書くときには、唇歯音fと区別して大文字Fを用ゐます。一二二ページ参照。

著者略歴

山崎　馨（やまざき かをる）～通称方靖～

昭和２年（1927）４月東京神田に出生
昭和26年（1951）３月東京大学文学部国文学科卒業
現　在　神戸大学名誉教授　神戸親和女子大学名誉教授
　　　　飛鳥古京を守る会会長
著　書　随想解説集「古京逍遙」（1984年和泉書院）
　　　　随想解説集「万葉集逍遙」（1985年和泉書院）
　　　　研究論文集「萬葉歌人群像」（1986年和泉書院）
　　　　解説集「古代語逍遙」（1988年和泉書院）
　　　　解説集「會津八一の歌」（1990年和泉書院）
　　　　研究論文集「形容詞助動詞の研究」（1992年和泉書院）
　　　　解説集「秋艸道人の歌」（1997年和泉書院）
　　　　解説集「會津八一の旅の歌」（2003年和泉書院）
編　著　「続・明日香村史」文学編（2006年明日香村）
CD　講話集「万葉のまど」（2006年六稜出版会）

日本語の泉

2008年２月５日　初版第一刷発行©

著　者　山崎　馨

発行者　廣橋研三

発行所　和泉書院

〒543-0002　大阪市天王寺区上汐５－３－８
電話 06-6771-1467／振替 00970-8-15043
印刷・製本 シナノ
ISBN978-4-7576-0447-6　C0081　　定価はカバーに表示